AF359884

# MANUEL

DES

# THÉORIES

## A FAIRE AUX CAVALIERS

PARIS

LIBRAIRIE MILITAIRE DE J. DUMAINE

L. BAUDOIN & C<sup>e</sup>, SUCCESSEURS

RUE ET PASSAGE DAUPHINE, 30

1882

PARIS. — IMPRIMERIE L. BAUDOIN ET Cᵉ, RUE CHRISTINE, 2.

# MANUEL

# DES THÉORIES

## A FAIRE AUX CAVALIERS.

Les connaissances que doivent posséder les cavaliers sur les bases d'instructions et les différents services, étant éparses dans différents règlements, il a paru utile de les grouper, en adoptant pour les enseigner une progression qui permette de n'aborder l'application pratique que lorsque l'instruction théorique sera entièrement terminée.

Cette instruction est divisée en cinq leçons qui feront, dans les escadrons, l'objet de théories journalières dirigées surtout dans un sens pratique, toutes les fois que la chose sera possible. Ainsi on fera saluer les hommes, on les habituera à faire trotter un cheval, de même que pour la 5e leçon, on fera exécuter à des distances fictives le service en campagne, ainsi que le prescrit l'instruction du 17 février 1875.

Les théories recommenceront pour tout le régiment à l'arrivée des recrues.

Pour la première leçon et la première partie de la 2e, les anciens qui doivent posséder une instruction complète seront employés comme moniteurs.

Pour les trois dernières leçons, l'instruction sera donnée indistinctement à tous les cavaliers, de façon à compléter progressivement l'instruction des plus intelligents. Ainsi les principes de tir, l'appréciation du terrain et des distances

— 4 —

parcourues ne seront expliqués qu'aux hommes
dont l'instruction sera complète sur les autres
détails de ces leçons qui ont une importance plus
directe.

Les 4ᵉ et 5ᵉ leçons seront enseignées concurremment, de façon à mettre les hommes en état
de pratiquer en temps opportun le service en
campagne sur le terrain.

Elles se continueront jusqu'à ce que les hommes
aient acquis une instruction aussi complète que
possible.

Un jour par semaine sera toujours réservé à
la théorie sur le paquetage.

# 1ʳᵉ LEÇON.

## MARQUES EXTÉRIEURES DE RESPECT.

Faire connaître au cavalier les insignes des
différents grades, pour l'arme à laquelle il appartient, lui enseigner théoriquement et pratiquement les marques extérieures de respect (art.
248 et 251 du service militaire).

Enseigner successivement au cavalier les signes
distinctifs des grades pour les officiers généraux,
les officiers d'état-major, et progressivement pour
les différentes tenues de l'armée française.

Exiger que chaque homme apprenne successivement les noms de son maréchal des logis, de
son officier de peloton, de son capitaine commandant, des chefs d'escadron, du major, du
lieutenant-colonel, du colonel.

Le prévenir que lorsqu'il parle d'un de ses
supérieurs, il doit toujours s'exprimer ainsi : **M.**
le colonel N..., **M.** le commandant N..., le maréchal des logis N..., le brigadier N...

Faire connaître au cavalier à quel corps d'armée, à quelle division, à quelle brigade appartient son régiment et lui apprendre les noms des généraux qui commandent les différentes unités.

S'attacher à bien faire comprendre au cavalier que la déférence et le respect envers les supérieurs doivent se manifester dans toutes les circonstances. Le règlement n'a pu prévoir tous les cas qui peuvent se présenter, mais l'inférieur doit veiller, avec une attention scrupuleuse, à affirmer ses sentiments de discipline. On citera, par exemple, aux cavaliers les circonstances suivantes : lorsque l'on croise un supérieur dans un passage étroit, s'arrêter pour le laisser passer, sur un trottoir, lui céder le pas et descendre au besoin sur la chaussée.

Un cavalier qui rencontre un supérieur dans un corridor ou un escalier s'arrête pour le saluer.

S'il enlève sa coiffure pour parler à un supérieur, il la tient le fond tourné vers la cuisse.

Lorsque plusieurs cavaliers sont ensemble, ils se tournent tous vers le supérieur pour le saluer.

Lorsqu'on croise, à cheval, un supérieur, si on est à une allure vive, passer au pas avant d'arriver à sa hauteur, le saluer et ne reprendre le trot que lorsqu'on l'a dépassé.

Lorsqu'on doit dépasser, à cheval, un supérieur, marchant dans la même direction, passer au pas en arrivant à sa hauteur, le saluer, lui demander l'autorisation de passer, et ne reprendre le trot que lorsqu'il vous y a autorisé.

Enseigner au cavalier les détails de police, de discipline, de tenue, la manière de panser un cheval, les devoirs des sentinelles (art. 205 à 219, 306 à 309 du service intérieur et 109 à 115 du service des places).

Entrer à ce sujet dans des détails que le règlement ne peut mentionner :

Rappeler au cavalier que : lorsqu'il sort en

ville, il doit honorer l'uniforme qu'il porte par une tenue toujours correcte, être poli avec tout le monde, et marcher à une allure dégagée et militaire, Qu'il est défendu au soldat de se mêler à des réunions de gens ivres ou faisant du scandale; de tirer le sabre dans des rixes particulières à moins que ce ne soit dans le cas de légitime défense; dans les rues le cavalier ne doit pas fumer la pipe; on tolère seulement le cigare ou la cigarette.

Il ne doit jamais provoquer personne. Chercher à ramener la concorde entre ses camarades, s'ils s'en écartent. Si cependant le cavalier est l'objet d'insultes grossières ou de voies de fait de la part d'un camarade oublieux de la dignité de l'uniforme qu'il porte, lui demander sans retard une réparation par les armes.

Le cavalier doit respecter ceux qui ont de bons et honorables services, surtout quand ces services leur ont mérité la croix ou la médaille militaire.

Il doit respecter en ses supérieurs une position qu'il occupera peut-être un jour et qu'il n'est pas sûr de mieux remplir qu'eux.

On lui rappellera que l'ivresse, l'inconduite habituelle exposent les cavaliers à être privés, lors de leur libération du service actif, d'un certificat de bonne conduite.

Que les cavaliers qui ont subi des punitions de prison dans leurs deux dernières années de service sont retenus au corps après le départ de leur classe, un nombre de jours égal à celui de ces punitions.

Que, par contre, sa bonne conduite peut lui procurer des récompenses et lui permettre de prétendre à l'avancement.

Pour fait de guerre et action d'éclat, il peut être cité à l'ordre du régiment, de la division, du corps d'armée ou de l'armée. Cette dernière citation est inscrite sur ses états de service.

Pour un acte de courage, de dévouement; pour un fait de sauvetage, par exemple, outre la citation à l'ordre, il peut obtenir une médaille d'honneur.

La médaille militaire, la croix de la Légion d'honneur sont les récompenses de bons et loyaux services et de valeur militaire.

A la médaille militaire est attaché un traitement de 100 fr.

Un militaire décoré de la Légion d'honneur reçoit une pension de 250 fr.

Chaque année à l'inspection générale des gratifications peuvent être accordées :

1° Aux cavaliers qui ont donné les meilleurs soins à leurs chevaux.

2° Aux cavaliers qui se sont le plus distingués dans les salles d'escrime, au dressage des chevaux, à la voltige, au tir à la cible.

Pour récompense de sa bonne conduite, de son zèle, de son instruction militaire, un cavalier de 2ᵉ classe peut être nommé *cavalier de 1ʳᵉ classe* après six mois de service.

Les cavaliers de 1ʳᵉ classe ont une solde plus forte. Ils font les corvées comme les cavaliers de 2ᵉ classe. En l'absence du brigadier de chambrée son autorité passe au plus ancien cavalier de 1ʳᵉ classe.

Pour être nommé *brigadier*, il faut avoir 6 mois de service actif ; être passé à l'école d'escadron ; savoir lire et écrire ; être capable d'enseigner l'école du cavalier à pied, le travail préparatoire et le travail en bridon de l'école du cavalier à cheval; connaître les détails des fonctions de brigadier dans les services intérieurs des places et en campagne.

On apprendra ensuite au cavalier à présenter

un cheval, à le faire trotter en main, à le tenir
pour descendre ou monter.

## Manière de présenter un cheval pour une inspection.

Le cavalier a sa jugulaire sous le menton, il
amène le cheval en tenant les rênes du bridon
avec la main droite à 16 centimètres de la bouche
du cheval, les ongles en dessous, la main haute
et ferme pour empêcher le cheval de sauter, la
main gauche tenant l'extrémité des rênes du bridon.

Il se dirige de manière à passer à six pas en
avant de la personne à laquelle le cheval doit être
présenté. Arrivé vis-à-vis d'elle, le cavalier s'arrête, exécute demi-tour à droite sur la pointe du
pied droit, de manière à se placer devant le cheval en lui faisant face ; il saisit de chaque main
un des montants du bridon sans lâcher les rênes ;
il tient les poignets élevés et place le cheval bien
droit et la tête haute.

A l'indication pour repartir, le cavalier se re-
place face en tête par un demi-tour à gauche sur
la pointe du pied droit ; il tient les rênes de la
main droite à 16 centimètres de la bouche, leur
extrémité restant toujours dans la main gauche ;
il se met en mouvement au pas en marchant bien
droit sans regarder le cheval.

A l'indication : *Au trot*, le cavalier passe l'extrémité des rênes dans la main droite, la main
gauche restant libre, il prend le pas gymnastique
en réglant autant que possible son mouvement
sur celui du cheval, qu'il détermine ainsi à prendre le trot. Tout en conservant la main haute, il
laisse cependant au cheval la liberté nécessaire.

A l'indication qui lui est donnée, le cavalier
passe au pas, exécute avec le cheval un demi-tour

à droite, revient à l'allure prescrite et passe à cette allure sur le terrain de la montre. S'il n'est pas renvoyé, il revient de nouveau, toujours par un demi-tour à droite, et s'arrête encore comme il a été prescrit devant la personne à laquelle on présente le cheval.

Si le cheval doit être animé avec la chambrière, celui qui la tient se place du côté du cavalier qui présente le cheval.

Lorsque le cheval hésite à se porter en avant, on ne doit ni le regarder ni se tourner vers lui. On l'encourage de la voix et on l'attire avec fermeté et sans saccades.

Si le cheval se montre trop ardent et veut aller trop vite, le cavalier tient une rêne de chaque main, à 30 centimètres de la bouche, éloigne les mains l'une de l'autre et scie du bridon, en ayant soin de se maintenir le plus près possible de l'épaule. Si le cheval se cabre, le cavalier tient solidement les rênes par l'extrémité, donne quelques légères saccades tout en parlant sévèrement au cheval.

## Manière de tenir un cheval.

Si un cavalier est appelé à tenir le cheval d'un supérieur qui veut mettre pied à terre, il approche sans brusquerie, se place à hauteur de l'épaule droite du cheval, et saisit les deux rênes de filet avec la main droite, les ongles en dessous, à 15 centimètres de la bouche du cheval : dès que le supérieur a déchaussé l'étrier droit, il saisit l'étrivière à pleine main avec la main gauche et résiste fortement quand la personne qui est à cheval s'enlève sur l'étrier gauche.

Lorsque le supérieur a mis pied à terre si l'on doit promener le cheval, relever les deux étriers en les faisant glisser le long de l'étrivière, que l'on repasse ensuite au-dessous de la grille. Promener le cheval en le tenant par les rênes du filet. Lorsque le supérieur veut remonter à cheval, replacer les étriers, tenir les rênes du filet et l'étrivière droite, comme il est prescrit lorsqu'il met pied à terre, appuyer fortement sur l'étrivière lorsqu'il s'enlève et l'aider à chausser son étrier.

Tout cavalier qui conduit en ville un cheval sellé pour un officier ne doit jamais le monter, et il doit le mener par le filet, les étriers relevés comme il a été expliqué ci-dessus.

Un mois après leur arrivée au corps, les jeunes soldats doivent connaître théoriquement et pratiquement les principaux détails contenus dans cette leçon. Afin d'activer l'instruction, les gradés devront exiger que les anciens enseignent à leurs camarades tout ce qui est à leur portée, les noms des officiers, les marques distinctives des grades, etc.

Les parties de cette leçon, qui demandent une certaine pratique pour être bien exécutées, continuent à être enseignées pendant le 2e mois, concurremment avec la 2e leçon.

# 2e LEÇON.

## 1re PARTIE.

Enseigner au cavalier la nomenclature de tous ses effets : *Armement. — Grand équipement. — Harnachement.*

### Armement.

Sabre. — Lame, poignée, garde, fourreau, cravate.

Carabine. — Canon, culasse mobile, monture, garnitures, accessoires.

Revolver.

Notions sur le démontage, le remontage et l'entretien des armes.

## Grand équipement.

Shako.

Giberne. — Boîte, patelette, martingale.

Porte-giberne.

Ceinturon. — Bande de ceinture, 2 bélières.

Dragonne. — Gland et courroie, passant-coulant.

## Harnachement.

Bride. — Têtière, montants, sous-gorge.

Collier, — ou licol de parade, — montants, sous-gorge, muserolle.

Mors de bride. — Embouchure, branches, gourmette, fonceaux, anneaux, S, crochet, bossettes.

L'embouchure comprend les canons et la liberté de langue.

Mors de filet. — Il est formé de deux canons articulés, 2 anneaux aux extrémités reçoivent 5 maillons et un T qui s'engage dans le D des montants de bride.

Selle. — Elle comprend l'arçon, le corps de selle et les accessoires.

Arçon. — Arcades de devant et de derrière, — bandes et palette.

Corps de selle. — Siège, panneaux et sacoches, chapelet.

Accessoires. — Longe, botte de fusil, poitrail, fausse-martingale, sangle, poches à fers, trousse-étrier, croupière, étrivière, étriers.

Ces détails théoriques une fois connus, enseigner au cavalier la manière de brider, de seller, de rouler le manteau, de faire le porte-manteau et de paqueter (art. 6 des bases d'instruction).

Cette dernière partie de la leçon sera purement pratique, il est inutile que le cavalier donne les détails contenus dans l'ordonnance, pourvu qu'il sache les appliquer.

Les théories de paquetage devront être continuées une fois par semaine pour tous les cavaliers de l'escadron pendant les mois suivants.

Pendant cette leçon on enseignera au cavalier les sonneries de l'article 7 des bases d'instructions et les signaux du sifflet.

## 2ᵉ PARTIE.

On donnera également au cavalier quelques notions d'hippologie. Cette instruction sera donnée à un point de vue également pratique et se fera dans les écuries ou dans la cour du quartier. On exigera seulement que les cavaliers sachent montrer et toucher de la main la partie du cheval, qu'on leur désigne, plutôt que dire de mémoire les différentes parties du corps.

### Notions d'hippologie.

Indication générale des parties du corps du cheval.

Dans le cheval on distingue : l'avant-main, le corps, l'arrière-main.

Sous la désignation de avant-main, on comprend : la tête, l'encolure, le garrot, le poitrail, les membres antérieurs.

Le corps comprend : le dos, le rein, les flancs, le ventre, les côtes.

L'expression de arrière-main désigne la croupe, la queue, les membres postérieurs, l'anus, la vulve chez la jument, les testicules et le fourreau chez le cheval.

Les principales parties de la tête du cheval sont : la nuque qui porte une mèche de crins tombant entre les oreilles et nommée toupet, les yeux, le front qui est prolongé par le chanfrein ; les ganaches et les joues ; l'auge ; le nez dont les cavités s'appellent naseaux ; la bouche qui renferme la langue et les dents.

Le cheval a deux mâchoires : supérieure et inférieure. On appelle barbe, la partie qui se trouve extérieurement en dessous de la mâchoire inférieure.

Les bords postérieurs de cette même mâchoire forment les ganaches.

Le côté gauche du cheval se nomme côté montoir, le côté droit côté bas-montoir.

Les membres se divisent en membres antérieurs et membres postérieurs.

## Les membres antérieurs comprennent.

L'épaule, le bras, le coude, l'avant-bras, le genou (cheval couronné), le canon, le tendon, le boulet, le fanon, le paturon, le pli du paturon (crevasse), la couronne, le sabot.

## Les membres postérieurs comprennent.

La fesse, la cuisse, le grasset, la jambe, le jarret, le canon, le boulet, le paturon, la couronne, le sabot.

Les châtaignes sont de petites excroissances cornées, situées pour les membres antérieurs à la face externe de l'avant-bras, et pour les membres postérieurs à la partie inférieure de la face interne du jarret.

## Robes.

La robe du cheval est la couleur et la nuance des poils dont le cheval est recouvert.

Robes d'une seule couleur. Les robes entièrement formées de poils d'une seule couleur constituent le cheval, blanc, noir ou alezan.

Une seule couleur, jambes et crins noirs : bai, isabelle ou souris.

Robes de deux couleurs ; gris (blanc et noir), aubère (blanc et alezan), louvet (noir et alezan),

Robes de trois couleurs ; rouan (blanc, noir et alezan).

Pie (1).

## Balzanes.

Les balzanes sont des taches blanches à la partie inférieure des membres.

### État de la bouche du cheval aux différents âges.

4 ans. — Les coins de lait ne sont pas encore remplacés, et se distinguent par leur blancheur et leur peu de développement.

5 ans. — Les coins de cheval sont sortis, mais leur bord interne est à peine dégagé de l'alvéole.

6 ans. — Les pinces sont rasées ; le bord interne des mitoyennes n'est pas encore à hauteur du bord externe.

7 ans. — Les mitoyennes sont rasées, le bord interne des coins est au niveau du bord externe.

8 ans. — Les coins sont rasés ; le cornet radical apparaît dans les pinces.

---

(1) Mélange, par plaques, de blanc et couleurs diverses : pie.

9 ans. — Les pinces s'arrondissent ; le cornet radical se présente dans les mitoyennes.

10 ans. — Les mitoyennes s'arrondissent ; le cornet radical devient visible dans les coins.

11 ans. — Les coins s'arrondissent ; le cul de sac du cornet dentaire se rapproche de plus en plus du bord postérieur.

Les incisives prennent ensuite insensiblement la forme triangulaire qui est caractérisée à 14 ans dans les pinces, à 15 ans dans les mitoyennes et à 16 ans dans les coins. Mais à partir de l'âge de 12 ans il vaut mieux consulter l'état général du cheval que sa bouche.

## Maladies contagieuses.

*Morve.* — Maladie contagieuse et incurable qui se manifeste par l'engorgement des ganglions de l'auge, par un jetage verdâtre et, après quelque temps, par des stries sanguines et des ulcères. — Dès que le cheval est suspect de morve, il doit être isolé, et les effets de harnachement et autres qui lui ont servi doivent être consignés.

*Farcin.* — Autre maladie contagieuse et incurable qui se traduit par des boutons purulents sur le trajet des lymphatiques et particulièrement près de l'épaule.

## Tares les plus répandues.

*Suros.* — Tumeur osseuse qui se présente au canon ; loin des tendons le suros n'est que désagréable à l'œil ; sur leur trajet, il fait souvent boiter.

*Jardon.* — Se produit à la partie externe, inférieure et postérieure du jarret ; il ne devient dangereux que lorsqu'il glisse en arrière sous le tendon.

*Eparvin.* — Se développe à la partie interne et inférieure du jarret; il fait quelquefois boiter, mais moins souvent qu'on ne le suppose généralement.

*Mollettes.* — Se développe au boulet sous forme de boursouflures ; elles sont plutôt désagréables à l'œil que dangereuses ; elles ne font boiter que lorsqu'elles atteignent un volume considérable, ou deviennent indurées.

*Vessigons.* — Sont de même nature que les mollettes et n'offrent pas plus de gravité. — Ils peuvent affecter le pli, le creux, ou la face interne du jarret.

*Capelet.* — Se présente à la pointe du jarret sous forme de tumeur molle : il n'offre pas de gravité ; mais il est très disgracieux à l'œil et déprécie beaucoup le cheval.

*Tendon ferru.* — Affection du tendon qui se manifeste en arrière du canon ; elle est très grave et fort difficile à guérir.

*Cheval couronné.* — Celui qui porte des cicatrices aux genoux ; que cette trace soit accidentelle, ou qu'elle soit le résultat de l'usure, elle déprécie beaucoup le cheval.

## Soins à donner aux chevaux.

Pansage.—Manière de faire le pansage.—Effets de pansage.—Nomenclature.

Manière d'aborder un cheval à l'écurie, dehors. —Manière de le bridonner, de lui mettre le licol.

Faire les crins aux chevaux, c'est leur couper avec des ciseaux les crins, souvent très longs, qu'ils ont aux jambes. — Le cavalier doit bien dégager le boulet, éviter de faire des gradins, de toucher à l'ergot lorsqu'il coupe les crins du fanon. — Les crins ne doivent pas être faits sans un ordre du capitaine commandant qui désigne les chevaux auxquels cette opération doit être faite.

## Notions d'administration.

On pourra donner aussi aux cavaliers pendant cette leçon les quelques notions d'administration qui les intéressent.

La masse individuelle est une somme reconnue par l'Etat à l'homme de recrue à son arrivée au corps, et destinée à le pourvoir des effets de linge et chaussures et de petit équipement dont il peut avoir besoin. Elle peut quelquefois supporter les frais de réparation d'effets ou d'objets dégradés par l'homme.

La masse est alimentée par une somme dite de 1re mise qui est de 75 fr. pour les chasseurs, et par une prime journalière d'entretien de 0 fr. 14 c. (12 fr. 60 par trimestre). Cette prime n'est pas allouée à l'homme en cas d'absence. La masse peut être bonifiée par des versements volontaires. On dit que la masse est complète, lorsque l'avoir est de 55 francs.

Lorsque le montant de la masse dépasse cette somme, par une raison quelconque à la fin du trimestre, le surplus est remis à l'homme. Cette opération se nomme paiement du décompte.

Lorsque le cavalier quitte l'armée active après cinq années de service effectif, la totalité de sa masse lui est payée; s'il n'a pas servi cinq ans, l'Etat retient une somme de 20 fr. sur cette masse et le surplus seulement est remis au cavalier.

## Nourriture des hommes.

Les cavaliers vivent ensemble par escadron et forment ce qu'on appelle : l'ordinaire.

L'Etat leur donne pour nourriture :

Une ration de pain et biscuit. } Pain . . 620 gr.
Biscuit. 100 gr.

Une ration de viande de 300 gr.

Une ration de café (4 grammes) et de sucre 5,25 ou café 2 gr. 25, sucre 2 gr. 25 si on fait usage du percolateur, à ces denrées on ajoute celles qui sont achetées au moyen d'un versement fait par chaque homme; cette somme est prélevée sur la solde du cavalier.

## Nourriture des chevaux.

### Pied de paix et de rassemblement.

Foin. . . . . . . . . . . . . . . . . . 3 kil.
Paille. . . . . . . . . . . . . . . . . 4
Avoine. . . . . . . . . . . . . . . . . 4

### Ration de route.

Foin. . . . . . . . . . . . . . . . . . 4 kil.
Paille. . . . . . . . . . . . . . . . . »
Avoine. . . . . . . . . . . . . . . . . 4,500

### Ration en chemin de fer.

Foin. . . . . . . . . . . . . . . . . . 5 kil.
Paille de litière. . . . . . . . . . . 2,500
Avoine. . . . . . . . . . . . . . . . . 2 kil.

## Substitutions.

### Foin.

Sainfoin. . . . . . . . . . . Poids pour poids.
Luzerne. . . . . . . . . . . Poids pour poids.
Paille. . . . . . . . . . . . Double du poids.

Avoine. . . . . . . . . . Moitié du poids.
Carottes.. . . . . . . . . Trois fois le poids.

Paille de froment.

Paille { Seigle / Avoine / Orge } Poids pour poids.

Foin et fourrage : moitié du poids ; avoine, quart du poids.

### Avoine.

Foin et fourrage artificiel.  double du poids.
Paille. . . . . . . . . . .  quatre fois le poids
Son . . . . . . . . . . . .  moitié en sus.
Farine d'orge. . . . . . .  8/10 du poids.

Quarante kilogrammes de fourrage vert à l'écurie représentent 12 kilogrammes de foin. Une journée de cheval à la prairie équivaut à une quantité de fourrage vert correspondant au taux de la ration déterminée pour l'arme.

## Prêt.

On appelle prêt la solde payée aux hommes, six fois par mois.

Lorsque les centimes versés à l'ordinaire ont été prélevés, le reste de la solde est remis à chaque cavalier par son brigadier ; c'est ce que l'on appelle les centimes de poche.

La solde des hommes en prison est versée en entier à l'ordinaire, ainsi que celle des hommes absents illégalement le dernier jour du prêt.

## Solde.

| DIFFÉRENTS GRADES. | Solde par jonr. | VERSEMENT à l'ordinaire. | Centimes de poche. | Ration de viande. |
|---|---|---|---|---|
| Maréchal des logis chef. | 1.32 | Ne vit pas à l'ordinaire. | » | Suivant les garnisons. |
| Maréchal des logis..... | 1.02 | Id. | » | |
| Brigadier-fourrier..... | 0.87 | Id. | » | |
| Brigadier........... | 0.47 | 0.22 | 0.25 | |
| Cavalier de 1re classe.. | 0.33 | Id. | 0.11 | |
| Cavalier de 2e classe... | 0.28 | Id. | 0.06 | |
| Trompette........... | 0.65 | Id. | 0.43 | |

# 3e LEÇON.

Pendant cette leçon on exécutera les quatre exercices préparatoires de tir, détaillés au travail en armes de l'école du cavalier à pied.

Cette instruction devra être donnée avec la plus grande progression, on ne passera à un autre exercice que lorsque celui qui le précède aura été parfaitement compris et exécuté.

Les hommes seront ensuite exercés à l'appréciation des distances (voir art. 1, 2, 3 du chapitre II du manuel de l'instruction de tir), on s'attachera à leur faire comprendre que cette instruction est de la plus haute importance, puisqu'elle est la condition indispensable d'un bon tir.

On passera ensuite à l'emploi du tube à tir, on n'y consacrera que quelques séances pour chaque homme, le but étant surtout de s'assurer que tous les principes ont été bien compris.

Cette progression ayant été régulièrement suivie, on pourra exercer les hommes au tir à la cible. L'instruction progressive sera recommencée pour tout homme qui n'arriverait pas à des résultats satisfaisants.

### Principe du tir.

Pour la plupart des jeunes soldats, les applications pratiques qui précèdent absorberont le mois qui est consacré à cette instruction, mais pour les anciens soldats, il sera possible de consacrer quelques séances à des principes théoriques, qui leur permettront de se servir de leurs armes avec intelligence.

On appelle ligne de tir l'axe du canon indéfiniment prolongé. Si la balle suivait cette direction, le tir serait très simple ; il suffirait de placer sur le canon une ligne de mire parallèle à l'axe du canon, sans le secours d'une hausse et sans se préoccuper de l'application des distances on atteindrait le point visé. Mais la balle à sa sortie du canon s'abaisse au dessous de la ligne de tir ; elle est constamment attirée vers la terre qu'elle finit par rencontrer.

La courbe que suit la balle s'appelle trajectoire.

On appelle ligne de mire, la ligne qui passe par le fond du cran de la hausse et le sommet du guidon.

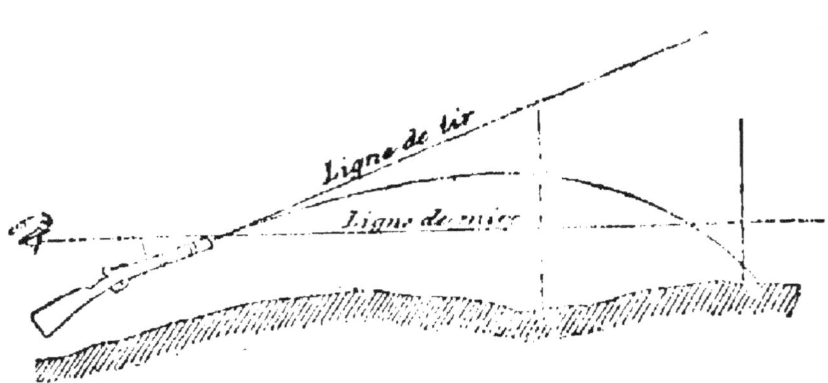


La ligne de mire est construite de telle sorte qu'elle coupe la trajectoire en deux points, le premier situé très près de la bouche du canon ; le 2° à une distance plus ou moins éloignée, suivant que le cran de la hausse est plus ou moins élevé ; ce 2° point s'appelle but en blanc.

D'après ces définitions ; il est facile de comprendre que la balle n'atteindra le point visé que si ce point est exactement au but en blanc ; si le point est moins éloigné que le but en blanc, la balle passera au-dessus ; s'il est plus éloigné elle passera au-dessous.

Avec une arme pourvue d'une hausse fixe, il faudrait donc, après avoir apprécié la distance, viser au-dessous du point à atteindre, s'il était moins éloigné que le but en blanc et au-dessus s'il était plus éloigné. La hausse mobile permet d'éviter cette incertitude, et en donnant des nouvelles lignes de mire elle donne de nouveaux buts en blanc dont les distances sont indiquées sur la planchette de la hausse.

Mais, à mesure qu'on élève la hausse, on élève le bout du canon et on tire sous un angle de plus en plus grand, et la trajectoire devient de moins en moins tendue, ce qui pour le tireur diminue les chances de succès en diminuant ce qu'on appelle la zone dangereuse.

On appelle zone dangereuse l'étendue du terrain qu'un homme ne peut parcourir en avant et en arrière du but en blanc, sans être atteint par la balle. Cette étendue est d'autant plus courte que le but en blanc est plus éloigné puisque la trajectoire est moins tendue : et elle est naturellement plus considérable pour un cavalier que pour un fantassin.

A 200 mètres la zone dangereuse est de 200 m. en avant et de 65 en arrière pour un cavalier.

A 500 m. 44 en avant et 36 m. en arrière.

A 2000 m. 13 en avant et 12 en arrière.

Il est facile de conclure de là l'importance capitale qu'il y a à apprécier les distances. Dans la pratique, si l'on voit lorsqu'on tire à une distance inconnue, la balle tomber en avant du but à atteindre, il faut de suite faire remonter le curseur sur la hausse.

## 4º LEÇON.

### Iʳᵉ PARTIE.

#### DU SERVICE MILITAIRE ET DES OBLIGATIONS AUXQUELLES SONT ENCORE SOUMIS LES MILITAIRES AYANT TERMINÉ LEUR TEMPS DE SERVICE ACTIF.

Les forces militaires de la France se recrutent dans vingt classes. Tout citoyen est en conséquence assujetti à vingt années de service, réparties ainsi qu'il suit :

Armée active. . . . . . . . . . . 5 ans.
Réserve de l'armée active. . . . 4 ans.
Armée territoriale . . . . . . . . 5 ans.
Réserve de l'armée territoriale. 6 ans.

Total. . . 20 ans.

Les contingents des cinq dernières classes appelées constituent l'armée active proprement dite; ceux des quatre classes précédentes appartiennent à la réserve de l'armée active.

Tous les hommes qui ont accompli le temps de service prescrit pour l'armée active et la réserve de cette armée, c'est-à-dire neuf ans, appartiennent à l'armée territoriale.

L'armée territoriale proprement dite comprend les cinq classes les moins anciennes parmi celles qui doivent encore le service militaire.

La réserve de l'armée territoriale comprend : les six dernières.

Les hommes passent d'une portion de l'armée dans la suivante, lorsque le temps de service prescrit pour chacune d'elles est rigoureusement révolu.

Tout homme qui quitte le corps sans y être resté tout le temps fixé par la loi, comme durée du service actif, passe dans la disponibilité, jusqu'au jour où cette période est complétée ; il passe alors dans la réserve.

## Envoi des cavaliers dans la disponibilité ou la réserve.

Lorsqu'un militaire quitte le service actif pour passer soit dans la disponibilité, soit dans la réserve, il indique le domicile qu'il compte choisir, c'est-à-dire le nom de la localité où il pense s'établir d'une façon définitive; son livret individuel lui est envoyé dans ce lieu, après qu'on y a inscrit :

1° Le certificat d'envoi dans la disponibilité ou le certificat de passage dans la réserve de l'armée active.

2° Sur la feuille spéciale, le nom de la localité et le numéro du régiment où il doit se rendre pour faire son service de réserviste (ses 28 jours).

3° Sur l'ordre de route, le nom du point où il rejoindrait lors d'une mobilisation.

On doit remarquer que quelquefois le lieu où l'on doit se rendre dans ces deux cas n'est pas le même.

Le livret individuel doit être conservé par l'homme jusqu'au jour où il aura terminé les 20 années de service qu'il doit à l'État. En cas de perte du livret, la déclaration est faite à la gendarmerie et duplicata est accordé.

Les disponibles et les réservistes continuant à faire partie de l'armée active doivent se convaincre, qu'ils relèvent en permanence dans leurs foyers, du commandant du bureau de recrutement et du commandant de la brigade de gendarmerie ; c'est à eux qu'ils doivent s'adresser dans les cas particuliers où ils peuvent se trouver relativement à leur situation militaire.

Les engagés sont compris pour les appels, les revues, les exercices et pour la mobilisation dans la classe qui a tiré l'année de leur engagement.

## Changement de domicile.

Le changement de domicile est l'abandon, sans esprit de retour, du lieu où l'on était primitivement fixé.

Tout changement de domicile d'un homme soumis aux obligations du service militaire entraîne les formalités suivantes :

1° Une déclaration spéciale à la mairie du lieu quitté.

2° Faire une déclaration semblable à la mairie de la localité où il vient s'établir (le maire délivre récépissé de la déclaration et envoie copie de cette pièce au bureau de recrutement.)

3° Faire viser le titre militaire que l'homme a entre les mains, c'est-à-dire le livret individuel, son sursis de départ comme engagé conditionnel ou son certificat de classement dans les services auxiliaires par le commandant de la brigade de gendarmerie au point de départ et au point d'arrivée. Si l'homme va se fixer à l'étranger ses obligations au départ sont les mêmes ; mais la déclaration d'arrivée est uniquement faite à l'agent consulaire de France et l'homme reste sous les ordres du commandant du bureau de recrutement de son dernier domicile en France.

Si l'homme revient se fixer en France après s'être établi à l'étranger, ses obligations à l'arrivée sont les mêmes ; mais la déclaration de départ est uniquement faite à l'agent consulaire.

Quand un homme change de domicile pour se fixer dans un lieu où il a déjà pris sa résidence, il suffit que la déclaration en soit faite à la mairie et à la gendarmerie du domicile nouveau ; on envoie, dans ce cas, une déclaration écrite et le livret au commandant du nouveau bureau de recrutement.

Quand un homme doit *s'absenter* de son domicile pour *voyager* pendant plus de deux mois, il fait viser son livret avant le départ à la brigade de gendarmerie de son domicile.

## Changement de résidence.

Le lieu de *résidence* est celui qu'on habite momentanément.

Le changement de résidence est une absence plus ou moins prolongée du domicile ou d'une résidence avec esprit de retour au domicile qui reste le même.

Quand les hommes changent de résidence sans changer de domicile, ils n'ont aucune formalité obligatoire à remplir au départ; il est bon cependant qu'ils informent la brigade de gendarmerie quittée; mais ils sont tenus d'en faire la déclaration dans un délai de deux mois, verbalement ou par écrit, au commandant de la brigade de gendarmerie de la localité où ils sont venus résider, et de faire viser par lui leur livret individuel ou le titre militaire quel qu'il soit qui est entre leurs mains.

L'homme qui va résider à l'étranger ou qui change de résidence, étant à l'étranger, fait sa déclaration de changement de résidence aux agents consulaires.

Aucun militaire, de la disponibilité ou de la réserve de l'armée active, ne peut demeurer ou aller résider dans les départements de la Seine ou de Seine-et-Oise, sans autorisation.

Les hommes qui ne feraient pas les déclarations de changement de domicile ou de résidence prescrites ci-dessus seraient passibles des peines édictées par la loi du 27 juillet 1872.

Ils sont déférés aux tribunaux ordinaires et punis d'une amende de 10 fr. à 200 fr.; ils peuvent en outre être condamnés à un emprisonnement de 15 jours à 3 mois.

En temps de guerre la peine est doublée.

### Convocation pour les exercices.

Le lieu où l'on doit se rendre est indiqué sur la feuille spéciale, ce peut être soit la garnison du corps où l'on sera exercé, soit le bureau de recrutement.

Des affiches ou des avis individuels fixent la date du jour de l'arrivée et l'heure. L'homme qui n'arrive pas exactement doit être puni ; il en est de même s'il n'est pas porteur de son livret.

Quand un homme est malade à l'approche du jour de la convocation, il envoie au brigadier de la gendarmerie un certificat signé par un médecin et visé par le maire. Si un réserviste se croit en droit d'être réformé, il en avise sans retard la gendarmerie.

*Délai supplémentaire pour rejoindre.* — Un homme absent de son domicile doit rejoindre directement sans intervention de l'autorité militaire et sans avis spécial.

Mais si cet homme a fait la déclaration de son changement de résidence ou d'un déplacement pour voyage, il a droit à un délai supplémentaire à raison de la distance qu'il a à parcourir pour rejoindre.

Il y a donc avantage, pour les réservistes, à déclarer leurs changements de résidence, sans profiter du délai de deux mois qui leur est accordé pour faire cette déclaration.

## Effets des réservistes.

Lorsque le réserviste arrive au corps, il est habillé, équipé, armé ; on fait un paquet de ses vêtements civils qui lui sont rendus à l'expiration de ses 28 jours. Il importe cependant que les réservistes considèrent comme une obligation d'arriver avec une paire de chaussures, deux chemises, un caleçon, en état de parcourir la période d'instruction.

Ceux qui arrivent pourvus de ces effets reçoivent les indemnités suivantes :

Une paire de chaussures (bottes ou bot-
    tines). . . . . . . . . . . . . . . . . . . **3,00**
Deux chemises, . . . . . . . . . . . . . **1,00**
Un caleçon. . . . . . . . . . . . . . . . . **0,75**

Ceux qui rapportent les effets d'uniforme dont ils ont été pourvus, ont également droit à des indemnités :

Pour un pantalon, veste ou dolman . . **2,00**
Pour un képi. . . . . . . . . . . . . . . **0,50**

## Indemnité de route des réservistes.

Une indemnité de 1 fr. 25 est payée aux réservistes pour chaque journée de route. Si la distance pour rejoindre est supérieure à 24 kilomètres, le réserviste peut prendre le chemin de fer, et, sur la présentation de son livret contenant la feuille spéciale, il a droit au tarif réduit.

## Convocation en cas de mobilisation.

Si, par suite d'une mobilisation, les réservistes doivent rejoindre l'armée active, ils sont convoqués par affiches. Ils se rendent au lieu indiqué sur l'ordre placé à la fin du livret; ils se conforment aux indications inscrites dans cet ordre qui fixe s'ils rejoindront par voie ferrée ou à pied; dans le premier cas leur livret leur sert de feuille de route.

Les différentes prescriptions données pour les réunions d'exercices périodiques sont généralement applicables.

Le passage des réservistes dans l'armée territoriale est inscrit sur les livrets par le commandant du bureau de recrutement, qui établit le certificat et prépare également, sur les livrets, les ordres nouveaux dont il serait fait usage pour le cas d'une mobilisation de l'armée territoriale; le nouveau point de convocation est également indiqué.

Pour que ces inscriptions puissent être faites, les livrets individuels doivent être remis à la mairie où à la gendarmerie de la localité où l'homme est domicilié, un mois avant les dates indiquées à la page 8 du livret, comme étant celles du passage dans la réserve dans l'armée territoriale ou dans la réserve de l'armée territoriale.

## 2ᵉ PARTIE.

### ORIENTATION.

Tout cavalier doit être en état de s'orienter, c'est-à-dire, de reconnaître la direction du Nord, de l'Est, de l'Ouest et du Sud, qui sont les 4 points cardinaux.

L'Est ou Levant, est le côté où le soleil se lève.

L'Ouest ou le Couchant, est le côté où il se couche.

Le Sud ou Midi, est le côté où le soleil se trouve à l'heure de midi.

Le Nord est le côté opposé au Midi.

Lorsqu'on a le Midi devant soi, on a l'Est à sa gauche, l'Ouest à sa droite, et le Nord derrière.

Le meilleur moyen pour connaître la direction du Nord, est l'emploi de la boussole ; la direction de la pointe bleue de l'aiguille donne à peu de chose près la direction du Nord.

A défaut de boussole, on se règle sur le soleil, il suffit de savoir l'heure qu'il est, et de se placer par rapport à lui, en raison de l'heure, sachant qu'à son lever il est à l'horizon à l'Est, qu'il s'élève progressivement, de façon à se trouver à midi devant l'observateur, et ensuite plus ou moins à sa droite.

A 8 heures, par exemple, le soleil ayant déjà parcouru environ 1/4 de sa conversion, on se place de manière à l'avoir obliquement à sa gauche, et on a le midi devant soi.

La nuit l'étoile polaire donne la direction du nord. Pour la trouver, on cherche la grande Ourse, constellation de **7** étoiles qui affecte la forme d'un chariot, on prolonge les **2** étoiles du bas **5** fois leur distance, et on trouve l'étoile polaire qui est à l'extrémité de la petite Ourse.

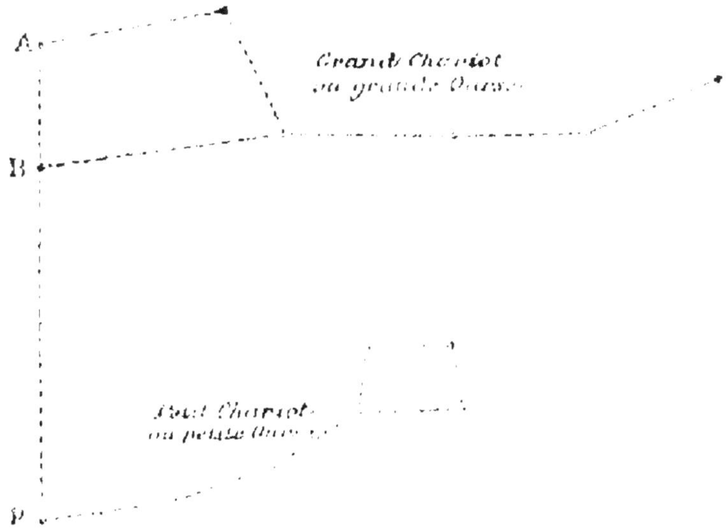


Entre les directions des **4** points cardinaux on a intercalé quatre autres directions intermédiaires appelées sud-est (entre le sud et l'est), sud-ouest, nord-est, nord-ouest.

### Appréciation du terrain.

Un terrain est plat, quand il ne présente pas de hauteur, considéré dans son ensemble.

Bien que plat, il peut être difficile pour la cavalerie, s'il est coupé par des fossés, des ruisseaux ; et il peut être impraticable, quand ces obstacles sont plus sérieux.

Un terrain est ondulé quand il présente quelques mouvements à pente douce.

Il est mamelonné, quand les mouvements sont plus accentués et à peu près continus.

Il est accidenté, quand les mouvements de terrain se heurtent, de manière à présenter des pentes raides, suivant qu'elles sont plus ou moins rapides, les pentes sont praticables seulement pour l'infanterie ou pour les trois armes.

On appelle col, le point le plus élevé de l'intersection de deux croupes, il sert de passage naturel pour les communications.

Une vallée est un fond qui se trouve entre des montagnes ou des collines élevées.

La rive droite d'un cours d'eau est celle qui est à la droite du cavalier, quand il regarde dans le sens où l'eau s'écoule, la rive gauche est celle qui est située à sa gauche.

Les gués sont les parties d'un cours d'eau où le fond se relève et permet le passage sur une certaine largeur. La profondeur d'un gué, pour être praticable, ne doit pas dépasser 1 mètre pour l'infanterie, 1$^m$,30 pour la cavalerie, 0$^m$,80 pour l'artillerie.

*Appréciations des distances parcourues.* — Il peut être utile pour un cavalier de savoir apprécier le chemin qu'il a parcouru, soit pour faire son rapport verbal en rentrant d'une mission, soit pour apprécier s'il n'a pas dépassé le point où il devait se rendre, lorsque la distance lui a été indiquée.

Si la route est kilométrée, il suffit de faire la différence entre le nombre de kilomètres marqué à l'arrivée et celui qui est marqué au départ.

Si l'on est pourvu d'une montre, il est très facile de se rendre compte du chemin parcouru, en tenant compte des données suivantes :

Un cheval de cavalerie légère parcourt environ :

100 mètres par minute au pas, soit 1 kilomètre en 10 minutes.

230 mètres par minute au trot, soit 1 kilomètre en 4 minutes 21".

330 mètres par minute au galop, soit 1 kilomètre en 3 minutes 2".

Supposons, par exemple, un cavalier partant du cantonnement à 5 heures du matin, marchant alternativement 20 minutes au pas, 10 minutes au trot (1/2 du chemin au pas, 1/2 au trot), faisant toutes les heures une halte de 10 minutes, et arrivant au lieu assigné à 8 heures 30. Il a donc fait 3 haltes et marché 3 heures, les 2/3, soit 2 heures au pas et 1 heure au trot. Donc il a parcouru au pas 12 kilomètres, et au trot 13 kilomètres 500, soit en tout 25 kilomètres 500.

On peut calculer, en faisant la moitié du chemin au pas et la moitié au trot, à près de 8 kilomètres à l'heure.

## Allures dans les marches.

Tout cavalier, qui n'a pas reçu d'ordres contraires, doit, en campagne, marcher au pas, car. il faut, autant que possible, ménager son cheval qui porte un poids considérable, et le tenir en état de pouvoir, à un moment donné, faire un suprême effort.

Toutes les heures il faut faire une halte de 10 minutes pour laisser reposer le cheval un instant, le ressangler, visiter le harnachement et la ferrure.

Si la distance à parcourir est de 40 kilomètres,

il faut la couper par une grande halte d'une heure, et, au delà de cette distance, ajouter une heure de repos pour 10 kilomètres.

Lorsqu'on a reçu l'ordre de marcher à une allure moins lente, on entremêle le pas et le trot, dans une proportion plus ou moins considérable, en raison des besoins.

Sauf une urgence absolue, le maximum à atteindre pour un parcours un peu long consiste à marcher 2/3 du temps au pas, 1/3 au trot (ce qui fait parcourir la moitié du chemin au pas et la moitié au trot). C'est l'allure ordinaire pour les postes de correspondance qui n'ont à parcourir que de petites distances.

Dans ce même service, l'ordonnance prescrit pour l'allure accélérée, de marcher tout le temps au trot, et pour l'allure rapide, tout le temps au galop.

On ne saurait trop s'attacher à faire comprendre au cavalier, qu'en dehors d'un parcours restreint, comme celui des postes de correspondance, l'allure du galop ne doit jamais être employée, et que le trot ne doit être employé d'une façon continue, que lorsque l'ordre en est donné.

## Principales prescriptions à observer en campagne.

Le premier principe à inculquer aux cavaliers, c'est qu'ils doivent avoir de leurs chevaux un soin minutieux.

Le général de Brack a dit : « Le cavalier ne doit vivre que pour son cheval, qui est ses jambes, sa sûreté, son honneur, ses récompenses. »

### DEVOIRS AVANT LE DÉPART DU CANTONNEMENT.

Essuyer ses armes, réunir tous ses effets, replacer dans le paquetage tout ce qui n'y aurait pas été mis la veille; battre sa couverture avec soin, visiter la ferrure de son cheval, seller rapidement à la sonnerie, en ayant soin d'arrimer solidement tous les effets ; le paquetage ne doit comprendre que les objets strictement nécessaires, tout ce qui ne fait pas partie du paquetage de campagne sera jeté sur la route.

Les cavaliers auront avantage à s'associer par deux pour mettre la selle chargée sur le dos du cheval.—Avant de monter à cheval, ils feront une ou deux fois le tour de leur monture pour vérifier le placement des effets et la répartition de la charge.

En bridant, éviter de trop serrer la gourmette, la muserolle ou la sous-gorge. Si quelque partie du harnachement (sangle, croupière, gourmette) blessait le cheval, la garnir d'un morceau de peau de mouton ou de linge.

Chaque cavalier doit toujours conserver le soir un morceau de pain et de la viande pour le lendemain, et doit remplir son bidon d'un mélange d'eau et d'eau-de-vie.

Il doit emporter dans son bissac un demi repas d'avoine, soit 1/4 de ration.

### DEVOIRS PENDANT LES HALTES.

Ressangler son cheval, relever la couverture sur le garrot, s'assurer que toutes les parties du paquetage sont solidement fixées, visiter la ferrure.

### DEVOIRS A L'ARRIVÉE AU CANTONNEMENT.

Installer son cheval le plus vite possible (1), lui éponger les yeux et les naseaux, lui donner

---

(1) Ne desseller que quand on en donne l'ordre, lui bouchonner ou mieux lui laver les jambes, les lui éponger.

le demi-repas d'avoine emporté. Visiter avec soin la ferrure et les parties sur lesquelles repose la selle, dans le cas de grosseur ou de blessure se conformer aux prescriptions indiquées plus loin.

Disposer de suite ses effets avec ordre, graisser ses armes; une heure environ après l'arrivée faire boire.

Lorsque le pansage est terminé et la soupe mangée, préparer son paquetage de façon à pouvoir monter à cheval rapidement au premier signal, toute troupe de cavalerie doit être en état de se remettre en marche, **2** heures après son installation au cantonnement.

### BIVOUAC.

Si le bivouac est établi dans un champ de blé, d'orge ou d'avoine, enlever ces céréales afin d'éviter les fourbures et les incendies.

## Hygiène de l'homme.

S'abstenir de boire de l'eau quand on a chaud.

Mélanger l'eau, autant que possible, avec un peu de café ou d'eau-de-vie.

Toujours porter sur le ventre sa ceinture de flanelle.

Ne jamais négliger les soins de propreté.

Faire un usage modéré des boissons spiritueuses, l'abus de ces boissons mine la santé et amène l'abrutissement.

En cas de congélation de certaines parties du corps (nez, doigts, orteils), frictionner fortement, avec de la neige ou de l'eau glacée, les parties gelées, et éviter de les approcher du feu.

*Asphyxie par eau.* — Couper les vêtements du noyé, le coucher sur le côté droit, la tête un peu plus élevée que le reste du corps, desserrer les mâchoires, promener sous le nez des allumettes soufrées, chatouiller les narines, frictionner fortement avec de la flanelle.

Insuffler de l'air dans une narine en tenant l'autre fermée. Si le noyé ne se rétablit pas, lui brûler sur le creux de l'estomac, sur les cuisses et les bras du papier ou du linge.

*Hémorragie par suite de blessures de guerre.* — Tamponner la plaie avec de la charpie, de l'étoupe, du linge ou de l'amadou, maintenir ensuite ce pansement avec une compresse ou un mouchoir. En cas de fracture d'un membre inférieur, coucher le blessé, immobiliser le membre cassé au moyen de planchettes de bois, ou avec de la paille rigide, et éviter les secousses pendant le transport. Pour la fracture d'un bras, une écharpe faite avec un mouchoir ou un linge quelconque, suffit jusqu'à l'arrivée à l'ambulance.

*Régime des blessés.* — Tant qu'un blessé n'a pas de fièvre, on apaise sa soif avec de l'eau froide, de la bière, de l'eau vineuse ou du thé alcoolisé ; s'il y a tendance à la syncope, on peut donner de l'eau-de-vie ou de la chartreuse.

*Diarrhée,* — Éviter plus que jamais les refroidissements, prendre de l'eau sucrée avec **2 ou 3** blancs d'œufs délayés.

## Hygiène du cheval.

*Cheval en santé.* — Le cheval en santé est celui qui n'a ni blessure ni maladie qui l'empêche de faire son service. Il a l'œil vif et les oreilles mobiles, le poil est bon, l'appétit est satisfaisant, les crotins moulés, la respiration est calme.

*Cheval malade.* — Le cheval malade est celui qui a des blessures ou des maladies qui le gênent dans son travail, ou le mettent dans l'impossibilité de travailler.

Les blessures ou les maladies extérieures se

constatent à l'œil et au toucher; quand elles sont légères, le cheval conserve toutes les apparences de la santé.

Les maladies intérieures se devinent à l'aspect de l'animal. Dans ce cas, l'animal est triste, porte la tête basse et à bout de longe, boude sur son avoine, est mou au travail. L'œil est rouge, la bouche sèche, la respiration accélérée. Le poil est piqué.

Dès que ces signes se manifestent il faut couvrir le cheval, ne pas le sortir, le mettre à la diète, et informer son brigadier ou son maréchal des logis.

En attendant les soins du vétérinaire, le cavalier qui est en détachement peut prendre certaines précautions qui empêcheront le mal de se développer, et prépareront la guérison.

### Blessures et accidents.

*Cheval garrotté ou rognonné.*—Si, en en levant la selle, on aperçoit sur les parties où elle a porté une grosseur, il faut de suite y appliquer une éponge, ou un gazon mouillé avec de l'eau salée ou vinaigrée s'il est possible et le maintenir avec le surfaix. On peut encore faire disparaître les grosseurs, par le massage; pour cela, enduire les poils de savon, et frotter avec la main dans le sens du poil, en appuyant sur la tumeur. Continuer le massage jusqu'à la disparition de la tumeur.

Si la blessure présente une plaie, l'arroser très fréquemment avec de l'eau.

*Chevaux couronnés, coups de pied, embarrures, prises de longe.* — Laver la plaie avec précaution pour enlever les corps étrangers, faire baigner la partie malade pendant 2 ou 3 heures, ou tout au moins lotionner souvent.

*Boulets ou tendons engorgés.* — C'est l'indice d'un effort de boulet, de tendon ou d'une entorse. Faire prendre des bains prolongés dans un cours d'eau, ou dans un seau dont l'eau sera renouvelée souvent.

*Crevasses.* — Couper le poil très ras autour de la crevasse, la graisser, et éviter de faire passer le cheval à l'eau. Ne pas lui mettre l'entrave.

*Clous de rue.* — Retirer le clou avec des tenailles ou un morceau de bois fendu dont on se sert comme de levier, mettre un peu de graisse ou de chandelle dans la plaie.

*Fourchette échauffée.* — Suintement de matières fétides déterminé par un séjour prolongé dans les urines ou dans les boues purulentes; dégager la fourchette et appliquer du goudron ou de la liqueur de Vilatte.

*Piqûre.* — Blessure causée par un clou mal dirigé. — Le retirer immédiatement, et ne pas le remplacer.

*Cheval fourbu.* — Le cheval peut être fourbu à la suite d'un très long repos, mais le plus souvent à la suite d'une fatigue excessive.

Le cheval fourbu se reconnaît en ce qu'il a de la difficulté pour marcher, il a les pieds chauds et marche sur les talons; les pieds antérieurs sont portés en avant, les pieds postérieurs engagés sous le corps, il doit être déferré le plus tôt possible, et en tout cas il faut le mettre à l'eau pendant plusieurs heures; à l'écurie lui mettre, s'il est possible, les pieds dans de la terre glaise délayée.

On supprimera l'avoine de même que le foin.

## Maladies.

*Coliques.* — Le cheval atteint de coliques se couche et se relève, regarde son flanc, se campe.

Il faut le bouchonner vigoureusement, le couvrir avec deux couvertures, le promener, le faire boire tiède et lui donner seulement de la paille et du barbotage.

*Cheval qui jette.* — Dès qu'un cheval jette par les naseaux et a l'auge engorgée, il faut le séparer des autres chevaux, mettre à part tous les objets qui ont servi à son usage, et prévenir immédiatement le brigadier ou le maréchal des logis.

*Cheval galleux, pouilleux.* — Ces maladies se manifestent par des démangeaisons ; principalement à l'encolure, à la face interne des membres, à la base de la queue. Isoler le cheval, lui laver et savonner la crinière, la queue et les jambes ; se servir de préférence d'eau de lessive si l'on peut s'en procurer.

## Transport des troupes de cavalerie par les voies ferrées.

Lorsqu'une troupe à cheval doit voyager par les voies ferrées, on se conforme aux prescriptions suivantes, extraites du décret du 13 juillet 1874.

La troupe monte à cheval, à l'heure et dans la tenue indiquées en raison de la température; l'ordre est donné de porter le manteau en sautoir ou de le placer sur les fontes. Chaque cavalier est pourvu d'une étiquette en toile, portant son nom et son numéro matricule, elle est cousue en fourreau, autour de la courroie de paquetage de gauche, de façon que le nom soit lu facilement.

Les hommes de troupe voyagent soit dans les voitures de 3ᵉ classe, soit, en cas d'urgence, dans les wagons à marchandises couverts ; dans ce cas des dispositions sont prises, pour que tous les hommes puissent être assis.

Les chevaux voyagent dans les wagons cou-

verts employés pour le transport des bestiaux et
des marchandises. Les chevaux sont placés dans
le sens parallèle à la voie, à raison de 8 par wagon. Ils sont en général dessellés et les selles
sont placées dans les wagons des chevaux, sur
2 bottillons de paille supportant 4 selles super-
posées.

Chaque wagon est garni de litière.

*Arrivée à la gare.* — La troupe pénètre sur le
quai en colonne par un, on la forme en bataille
sur un rang, chaque cavalier du 2ᵉ rang se plaçant à la gauche de son chef de file. Les cavaliers
ont soin de ne pas se serrer ; les sous-officiers et
les trompettes entrent dans le rang.

*Formation de la troupe.* — La troupe est ensuite fractionnée en groupes de 8 correspondants
à la contenance des wagons.

Au signal donné les hommes mettent pied à
terre, ceux du 2ᵉ rang tiennent les chevaux de
leur chef de file ; ceux-ci se portent à dix pas en
arrière, forment leurs carabines et leurs sabres
en faisceaux, placent leurs shakos à côté, viennent desseller leurs chevaux, et portent la selle
en avant des faisceaux ; la croupière, le poitrail,
les sangles, sont relevés, et sont fixés ainsi que
la couverture et le tapis, au moyen du petit surfaix que l'on fait passer dans le culeron, ayant
soin de l'assujettir solidement. Les étriers sont relevés et attachés.

Cette opération terminée, les cavaliers du 1ᵉʳ
rang viennent tenir les deux chevaux de leur
file, et les hommes du 2ᵉ rang se désarment à
leur tour et dessellent.

Lorsque tous les cavaliers sont revenus à la
tête de leurs chevaux, ils passent les rênes de la
bride et du filet par dessus la tête du cheval, en
tiennent l'extrémité, ainsi que celle de la longe,
avec la main gauche, puis saisissent les rênes

avec la main droite à 0<sup>m</sup>,15 cent. de la bouche du cheval.

*Embarquement des chevaux.* — Au signal de l'embarquement, le cavalier de la droite de chaque groupe détermine son cheval en avant, il se dirige vers l'entrée du wagon, suivi de près par les autres cavaliers. Les hommes ont soin de marcher sans regarder leurs chevaux. En entrant dans le wagon, le premier cavalier tourne à gauche et place de suite son cheval entre la paroi longitudinale extérieure en le faisant reculer; le 2° tourne également à gauche, et place son cheval contre la paroi du côté de l'entrée, les 2 cavaliers qui suivent intercalent leurs chevaux entre les deux premiers.

Lorsque le côté droit du wagon est rempli, on fixe aux deux parois une corde à hauteur du poitrail. On procède ensuite à l'embarquement des quatre derniers chevaux, les tournant à droite en entrant, puis les faisant reculer, on prend alors l'extrémité de la corde et on la fait passer devant les 4 derniers chevaux.

Lorsqu'un cheval fait des difficultés pour entrer dans le wagon, 2 hommes prennent un surfaix ou une corde dont ils saisissent les extrémités : ils se placent de chaque côté du cheval après lui avoir passé le surfaix ou la corde au-dessous des fesses. Le cavalier qui conduit le cheval le tire en avant sans le regarder, les 2 autres le poussent également avec le surfaix.

Les selles sont placées dans l'intervalle sur 2 piles, ainsi que les 2 bottes de foin.

Les chevaux sont attachés par la longe aux anneaux placés aux parois latérales et au plafond du wagon. Deux gardes d'écurie restent dans chaque wagon. On ferme immédiatement les portes.

Les armes et les coiffures des gardes d'écuri

sont prises par leurs camarades et placées dans les wagons occupés par les hommes.

Les gardes d'écurie ne débrident leurs chevaux que lorsque le train est en marche et que les chevaux sont calmes.

Les brides soigneusement attachées sont placées sur les piles de selles.

*Embarquement des hommes.* — Dès que les chevaux sont embarqués, les cavaliers reprennent leurs armes et leurs coiffures et se forment sur un rang. Ils sont conduits devant les wagons, on forme rapidement de nouveaux groupes de 8 qui se placent au fur et à mesure en colonne par un, perpendiculairement à la voie, devant les portes des voitures. Un sous-officier est désigné comme chef de wagon. A la sonnerie en avant, les hommes montent dans les voitures en tenant leur fusil à la main. Etant assis, ils placent le fusil et le sabre entre leurs jambes, la crosse du fusil sur le plancher. Il est interdit aux militaires de fermer eux-mêmes les portes des wagons, ce soin incombant exclusivement aux employés de la gare.

*Mesures de police.* — La troupe étant embarquée, il est rigoureusement interdit :

1° De passer la tête ou les bras hors des portières pendant la marche;

2° D'ouvrir les portières;

3° De passer d'une voiture dans une autre;

4° De pousser des cris ou de chanter;

5° De descendre de voiture aux stations avant la sonnerie halte.

6° De fumer dans les wagons à chevaux et dans les wagons des hommes, en cas où, par les grands froids, il y aurait de la paille sur le plancher.

*Haltes et stations.* — Les hommes qui, dans les haltes de 10 ou 15 minutes, désirent descendre ne peuvent le faire qu'à la sonnerie halte, ils laissent leurs armes dans les wagons, et doivent sortir exclusivement par les portières qui ouvrent sur le quai ou le trottoir.

A la sonnerie en avant, tous les hommes qui sont descendus remontent dans les voitures.

*Devoirs des gardes d'écurie.* — A tous les coups de sifflet de la locomotive, à chaque arrêt et à chaque départ, les gardes d'écurie parlent aux chevaux, les calment et les soutiennent.

En cas d'accident, ils se portent aux fenêtres et avertissent par leurs cris et en agitant leurs mouchoirs.

Les gardes d'écurie sont relevés toutes les 3 heures.

Pendant la route, les gardes d'écurie font manger les chevaux, en leur donnant le foin à la main. Les bottes de foin sont remplacées pendant les haltes, au fur et à mesure de la consommation, par les soins des officiers de peloton.

Dans les gares désignées pour les repas des chevaux, on distribue l'avoine dans les musettes.

Pour abreuver les chevaux, des cavaliers remplissent les seaux et les passent par les fenêtres des wagons aux gardes d'écurie.

*Arrivée à destination.* — A la station qui précède l'arrivée, les hommes sont avertis par les agents du chemin de fer, ils doivent s'occuper de mettre leur tenue en ordre et de se tenir prêts à descendre.

*Débarquement des hommes.* — A l'arrivée et à la sonnerie d'un demi-appel, les cavaliers sortent sans précipitation des wagons avec leurs fusils. Ils sont immédiatement conduits en face des wagons où sont leurs chevaux et à 30$^m$ environ. Ils mettent leurs armes en faisceaux, les coiffures à côté, et se reforment en bataille sur un rang.

Les employés placent les ponts volants sans

ouvrir les portes des wagons. Deux hommes sont placés de chaque côté.

*Débarquement des chevaux.* — Au signal donné, les cavaliers se portent aux wagons, ouvrent les portes, enlèvent les selles et les portent sur un rang en avant des faisceaux. Chacun revient brider son cheval, on enlève la corde d'un côté, on sort les quatre premiers chevaux, on achève d'enlever la corde et on fait sortir les quatre derniers chevaux. Les cavaliers du 2ᵉ rang tiennent les deux chevaux pendant que leur chef de file selle le sien; l'opération terminée, cet homme reprend ses armes et son shako, et tient à son tour les deux chevaux; les chevaux, une fois sellés, et les hommes équipés, chacun se place à la tête de son cheval.

A la sonnerie, on monte rapidement à cheval.

## Prescription pour la mobilisation.

Le cavalier doit connaître ce qu'il aura à remporter en campagne, comme effets d'habillement, d'équipement, armement, campement, vivres, et ce qu'il aura à laisser.

### NOMENCLATURE DES EFFETS ET OBJETS A EMPORTER EN CAMPAGNE.

#### CAVALIER NON MONTÉ.

*1° Sur le cavalier.*

Habillement.
{ 1 ceinture de flanelle.
1 dolman.
1 pantalon de cheval (ou pantalon de treillis, suivant la saison).

Coiffure, 1 shako.

| | |
|---|---|
| Grand équipement. | 1 bretelle de fusil.<br>1 giberne et sa banderole.<br>1 bouchon de carabine.<br>1 paire de bretelles de pantalon.<br>1 caleçon.<br>1 chemise.<br>1 cravate. |
| Petit équipement. | 1 paire de guêtres en toile.<br>1 mouchoir.<br>1 étui-musette (renfermant les vivres de l'homme).<br>1 pompon.<br>1 quart.<br>1 paire de souliers. |
| Campement. | 1 petit bidon individuel. |
| Armement. | 1 carabine.<br>3 paquets de cartouches. |

*2° Chargement de l'homme non monté.*

| | |
|---|---|
| Habillement. | 1 bourgeron.<br>1 manteau.<br>1 porte-manteau. |
| Coiffure. | 1 képi. |
| Coiffure. | 1 képi. |
| Petit équipement. | 1 paire de bottines. { Si le cavalier n'a pas reçu de souliers, il mettra ses bottines et portera sur sa charge ses bottes. }<br>1 cache-éperons.<br>1 caleçon.<br>1 calotte de coton.<br>1 chemise.<br>1 courroie de manteau.<br>1 cuiller |
| | Effets de petite monture. { 1 brosse à boutons.<br>1 brosse à cirage.<br>1 brosse à fusil.<br>1 brosse à habits.<br>1 brosse à lustrer.<br>1 boîte à graisse.<br>1 fiole à tripoli.<br>1 patience.<br>1 musette. } |

**Petit équipement. (Suite.)**
- 1 gamelle individuelle.
- 1 paire de gants.
- 1 livret individuel.
- 1 morceau de savon.
- 1 mouchoir.
- 1 pantalon de treillis (ou pantalon de cheval, suivant la saison).
- 1 sac à avoine.
- 2 paires de sous-pieds de rechange et une trousse garnie.

**Campement.**
- 1 gamelle de campement.. } 1 pour
- 1 marmite de campement. } 4 hommes.
- 2 sachets à vivres.
- 1 seau en toile (à défaut, 1 bidon pour 4 hommes).
- 1 moulin à café (1 pour 15 hommes).

**Armement.**
- 1 nécessaire d'armes (les brigadiers seuls en sont pourvus).
- 3 paquets de cartouches.

**Vivres.**
- 1 jour de biscuit.
- 1 jour de petits vivres.
- 1 jour de viande de conserve (le tout renfermé dans la musette de propreté).

Les sous-officiers n'emportent que le dolman n° 1.

Les sous-officiers, les brigadiers-fourriers, les brigadiers chargés de l'infirmerie des hommes, les maréchaux-ferrants et leurs aides, les brigadiers-trompettes et trompettes sont armés du revolver et ne portent pas la giberne, mais l'étui et le cordon d'attache du revolver; ils ont 30 cartouches dont 12 sur l'homme et 18 dans le chargement.

## CAVALIER MONTÉ.

### 1° *Sur le cavalier.*

**Habillement.**
- 1 ceinture de flanelle.
- 1 dolman.
- 1 pantalon de cheval

Coiffure. | Shako.

Grand équipement.
{
1 bretelle de carabine.
1 ceinturon de sabre.
1 dragonne.
1 giberne et sa banderole.
}

Petit équipement.
{
1 bouchon de carabine.
1 paire de bretelles de pantalon
1 caleçon.
1 chemise.
1 cravate.
1 paire de bottes.
1 mouchoir.
1 pompon.
1 quart.
}

Campement. | 1 petit bidon individuel.

Armement.
{
1 carabine.
3 paquets de cartouches.
1 sabre.
}

## 2° Sur le cheval.

Habillement.
{
1 bourgeron.
1 manteau.
1 porte-manteau.
}

Petit équipement.
{
1 paire de bottines.
1 cache-éperons.
1 caleçon.
1 calotte de coton.
1 chemise.
1 courroie de manteau.
1 cuiller.

Effets de pansage.
{
1 ciseau.
1 corde à fourrage.
1 éponge.
1 époussette.
1 étrille.
1 musette de pansage.
}
}

| | | |
|---|---|---|
| **Petit équipement.** *(Suite.)* | Effets de petite monture. | 1 brosse à boutons.<br>1 brosse à cirage.<br>1 brosse à fusil.<br>1 brosse à habits.<br>1 brosse à lustrer,<br>1 boîte à graisse.<br>1 fiole à tripoli.<br>1 étui musette.<br>1 patience. |

**Petit équipement.** *(Suite.)*

1 gamelle individuelle.
1 paire de gants.
1 livret individuel.
1 morceau de savon.
1 mouchoir.
1 sac à avoine.
2 paires de sous-pieds de rechange.
1 trousse garnie.

**Campement.**

1 gamelle de campement,    1 pour
1 marmite de campement,    4 hommes.
1 hachette (brig. et caval. de 1re classe).
2 sachets à vivres.
1 seau en toile ou un bidon (pour 4 hommes).
1 moulin à café (1 pour 15 hommes).

**Armement.**

1 nécessaire d'armes (les brigad., seuls, en sont pourvus).
3 paquets de cartouches.

**Vivres** (du bissac).

1 jour de biscuit.
1 jour de petits vivres.
1 jour de viande (conserve).
1/2 jour d'avoine.

**Harnachement.**

1 bissac.
1 boîte de carabine.
1 couverture.
1 entrave.
Ferrure (4 fers et 32 clous).
1 filet à fourrage.
1 musette mangeoire.
1 piquet de cavalerie.
1 selle et bride complète.
1 surfaix.

## Petits paquets des effets non emportés.

Les cavaliers, aussitôt l'ordre de mobilisation donné, remettent au bureau de leur escadron leur veste et leur pantalon nᵒ 2, étiquetés; ils font un paquet, également étiqueté, des autres effets qu'ils ne doivent pas emporter.

Tous ces ballots, réunis par pelotons sont versés au magasin.

*Literie à arranger.* — Les fournitures de literie, munies d'étiquettes préparées à l'avance, sont déposées dans une chambre désignée.

*Campement, cartouches.* — Le campement est distribué; les cartouches sont également distribuées, à raison de six paquets par homme (soit 36 cartouches).

*Vivres de réserve.* — On touche également les vivres de réserve. Chaque homme doit avoir dans le bissac, au départ :

2 jours de vivres (biscuit et petits vivres, sel, sucre, café, légumes secs).

5 jours de viande de conserve;

1/2 journée d'avoine;

En outre, on emporte :

2 jours de pain ;

2 jours supplémentaires de petits vivres;

2 jours d'avoine et de foin.

Les deux jours de pain, d'avoine et de foin sont destinés à assurer la nourriture pendant le trajet en chemin de fer.

Les deux jours de pain sont renouvelés à la station halte-repos la plus voisine du débarquement, et servent avec les deux jours supplémentaires de petits vivres emportés au départ et la viande fraîche distribuée sur place aux consommations pendant les deux jours qui suivent le débarquement. Donc le jour du débarquement la cavalerie doit avoir :

2 jours de pain :
2 jours de biscuit ;
4 jours de petits vivres ;
1 boîte de conserve ;
1/2 journée d'avoine.

A partir de ce moment, la composition des vivres de bissac est progressivement réduite e maintenue à :

1 jour de biscuit ;
1 jour de petits vivres ;
1 jour de viande de conserve ;
1/2 journée d'avoine ;

ainsi qu'il est porté sur le tableau ci-dessus.

Ces vivres, qu'on nomme vivres de réserve, ne sont consommés qu'en cas de nécessité absolue ; on les complète ou on les remplace dès qu'on le peut. Il est indispensable qu'ils ne soient pas consommés sans ordre. Si leur conservation lui paraît avoir atteint la limite, le cavalier en rend compte, et, s'il est possible de les renouveler, on l'autorise à les manger.

*Sonnerie des quatre appels.* — A cette sonnerie les escadrons se forment, les hommes à pied se placent à la gauche du régiment.

Les chevaux de main sont conduits par des hommes à pied.

Ceux-ci sont en dolman, manteau en sautoir supportant le képi, pantalon de cheval n° 1 ou de treillis, suivant la saison. — Ils ont le fusil, la giberne, trois paquets de cartouches, l'étui-musette.

Leur sac est déposé sur les voitures ; leur musette de pansage est mise dans leur paquet laissé au dépôt ; leur sabre est versé avec les effets, déposés au magasin.

# 5ᵉ LEÇON.

Enseigner au cavalier tout ce qui se rapporte à ses devoirs dans le questionnaire du service en campagne.

# QUESTIONNAIRE

### SUR LE

## SERVICE EN CAMPAGNE

---

## DEVOIRS

#### DES SOUS-OFFICIERS, BRIGADIERS ET CAVALIERS.

---

# SERVICE EN CAMPAGNE.

## Service des avant-postes.

### PRINCIPES GÉNÉRAUX.

D. Comment une troupe stationnée pourvoit-elle à sa sûreté en campagne ?

R. Au moyen d'avant-postes.

D. Quelle est la mission des avant-postes ?

R. 1° Protéger la troupe qu'ils couvrent contre toute surprise et lui donner le temps de prendre des dispositions défensives, en opposant une première résistance aux attaques de l'ennemi.

2° Fournir à cette troupe des renseignements sur sa position, les mouvements et les projets de l'adversaire.

D. Quelle est la composition des avant-postes ?

R. Les avant-postes se décomposent en partie fixe et en partie mobile.

D. Que comprend la partie fixe ?

R. La partie fixe comprend généralement trois lignes : celles des vedettes, des petits-postes, des grand'gardes.

D. Que comprend la partie mobile ?

R. La partie mobile comprend les patrouilles et les rondes.

D. Qu'est-ce que les vedettes ?

R. Les vedettes sont des cavaliers placés en 1re lignes pour observer l'ennemi, et avertir de ses mouvements. Elles sont généralement à cheval et par groupe de 2 ?

D. Comment appelle-t-on ce groupe ?

R. Chaque groupe de 2 forme un poste de vedettes.

D. Quelle est la destination des petits-postes ?

R. Fournir les vedettes et les soutenir en opposant la première résistance en cas d'attaque.

D. Quelle est leur forme ?

R. Habituellement un peloton.

D. Quelle est la mission des grand'gardes ?

R. Fournir et renforcer les petits-postes, les recueillir lorsqu'ils sont repoussés, établir la liaison entre les premières lignes d'avant-postes et le corps principal.

D. Doivent-elles arrêter l'ennemi ?

R. Assez longtemps pour que les troupes en arrière puissent prendre leurs dispositions de combat.

D. La partie fixe des avant-postes ne comprend-elle pas quelquefois 4 lignes ?

R. Oui, lorsque la troupe à couvrir est plus forte qu'une brigade, on établit une réserve dont la force est égale à celles des trois premières lignes.

D. Lorsqu'une troupe est couverte par plusieurs grand'gardes, par qui est exercé le commandement ?

R. Les grand'gardes sont réunies sous le commandement d'un officier supérieur désigné à cet effet par le général de brigade, il prend le nom de commandant des avant-postes.

D. Les avant-postes n'établissent-ils pas éventuellement des postes détachés ?

R. Oui, pour occuper les points importants situés soit sur la ligne des vedettes, soit en dehors de cette ligne.

D. Qu'est-ce que les patrouilles ?

R. Les patrouilles sont de petits détachements de force variable, qui vont au-delà des vedettes fouiller le terrain observer l'ennemi sur ses positions, recueillir des renseignements sur son compte, et l'inquiéter.

D. N'ont-elles pas une autre mission ?

R. Oui, établir la liaison entre les postes ou les les corps voisins.

D. Quel est le rôle des rondes ?

R. Rôle de surveillance et de vérification.

D. Quel est leur parcours ?

R. Elles parcourent le terrain occupé par les petits-postes et les vedettes, pour s'assurer que le service se fait exactement.

D. Quelle est la composition des avant-postes?

R. Des fractions constituées (peloton, escadron, demi-régiment, régiment).

D. Quelle est leur force ?

R. 1/4 ou 1/6 de l'effectif total de la troupe.

D. Quelles sont les données qui déterminent les distances et intervalles entre les vedettes, les petits-postes et les grand'gardes ?

R. 1° Il faut qu'ils se prêtent un mutuel appui;

2° Que leur retraite ne soit pas compromise ;

3° Que la troupe en arrière ait le temps de se mettre sur la défensive.

D. Combien cette dernière condition exige-t-elle de temps ?

R. 25 minutes environ, durant lesquelles l'ennemi pourrait parcourir de 4 à 5 kilom.

D. Indiquer les distances des vedettes ?

R. 800$^m$ en avant des petits postes en conservant entre elles un intervalle de 600 à 800ᵐ.

D. Quelle forme donne-t-on à la ligne des vedettes ?

R. Celle d'un arc de cercle.

D. Pourquoi ?

R. Parce que la troupe à couvrir a besoin d'être protégée non seulement sur le front, mais encore sur les flancs.

D. Quelle est la distance des petits postes ?

R. 1200ᵐ des grand'gardes.

D. Quelle est la distance des grand'gardes ?

R. 2000ᵐ du corps principal et des réserves.

D. Quelle est la distance des réserves ?

R. 1500ᵐ du corps principal.

D. Ces distances sont-elles absolues ?

R. Non. Elles doivent varier suivant les circonstances et la nature du pays.

D. Peuvent-elles être diminuées ?

R. Oui, pendant la nuit.

D. Quelle est la durée du service des avant-postes ?

R. 24 heures.

D. Quand le service est-il relevé ?

R. Ordinairement le matin, ou au moment du départ quand on se met en route.

D. Peut-on modifier ces dispositions ?

R. Oui, quand le général commandant ou le chef d'un corps détaché le juge convenable.

D. Une troupe aux avant-postes rend-elle des honneurs ?

R. Jamais.

D. A-t-elle ses bagages ?

R. Jamais.

## Vedettes.

### DEVOIRS DES VEDETTES.

D. Comment place-t-on les vedettes ?

R. Sur des points d'où elles puissent découvrir au loin, sans toutefois interrompre la chaine qu'elles forment, et leurs communications avec les petits postes. Elles sont autant que possible dérobées à la vue de l'ennemi, par un mur, un arbre, une éminence ou un pli de terrain dont elles ne dépassent le pli que de la tête. L'avantage de ne pouvoir être vu ne doit pas cependant être sacrifié à celui d'apercevoir au loin.

D. Quelles sont les dispositions les plus avantageuses pour le placement des vedettes ?

R. Les grandes lignes, haies, cours d'eau, chemins, allées plantées et quand leur direction est à peu près parallèle au front des troupes à couvrir.

D. Quelle précaution faut-il observer dans le placement des vedettes ?

R. Il faut éviter de les rapprocher des lieux couverts, tels que bois, hautes bruyères, où l'ennemi pourrait se glisser pour les surprendre.

D. Comment les vedettes font-elles leur service quand elles sont placées par groupe de 2 ?

R. L'une d'elles observe, tandis que l'autre parcourt les sinuosités, les replis de terrain, les escarpements des chemins creux et assure les communications avec les vedettes voisines. Dans ce cas les vedettes reçoivent communication des mots d'ordre et de ralliement.

D. Quand les vedettes sont simples, doivent-elles explorer le terrain environnant ?

R. Non, elles ne doivent jamais s'éloigner du point où elles sont établies.

D. Par qui sont placées les vedettes ?

R. La première fois par le commandant du petit poste, qui, en cherchant à donner à leur ligne une certaine uniformité d'intervalles et de distances, les établit de préférence sur les routes et sur les chemins qui conduisent dans la direction supposée de l'ennemi. Les postes de vedettes prennent les n°° 1, 2 et 3 de la droite à la gauche dans chaque petit poste.

D. Une fois placées, que font les vedettes des ailes ?

R. Elles se mettent sans retard en communication avec les vedettes des petits postes voisins.

D. Quand les vedettes sont-elles relevées ?

R. Habituellement toutes les deux heures. Quand la température est rigoureuse, elles sont relevées la nuit toutes les heures.

D. Comment se fait le relèvement des vedettes ?

R. Pour diminuer la fatigue des chevaux, et éviter sur la ligne des vedettes des allées et venues de groupes nombreux, que l'ennemi pourrait apercevoir aisément, les cavaliers qui vont relever sont envoyés directement par le petit poste sur le point qu'ils doivent occuper.

D. Les cavaliers du petit poste doivent-ils indifféremment être envoyés à un poste quelconque de vedettes ?

R. Non, on affecte les mêmes hommes au service des mêmes postes de vedettes, afin que les cavaliers suivant sans hésitation un chemin qu'ils connaissent, et qu'ils aient plus de facilité pour surveiller un terrain déjà exploré par eux.

D. Quels renseignements la vedette relevée donnera-t-elle à celle qui la remplace ?

R. Elle lui fait connaître ce qu'elle a vu et les consignes qu'elle a reçues, elle lui fournit tous les renseignements qui peuvent faciliter l'exécution du service : direction de l'ennemi, chemins par lesquels il pourrait arriver, etc.

D. Que fait la vedette relevée, en rentrant au petit poste ?

R. Elle fait son rapport.

D. Sur quoi doit se porter particulièrement l'attention des vedettes ?

— 59 —

R. Elles sont constamment attentives de l'œil
et de l'oreille dans la direction marquée par le
chef de poste; elles surveillent spécialement les
routes ; elles doivent agir avec calme et sang-
froid, et ne pas oublier que leur vigilance assure leur propre sécurité en même temps que
celle des troupes en arrière.

D. Comment les vedettes tiennent-elles leurs
armes ?

R. Elles ont le fusil haut ou placé en travers
de la selle de manière à toujours être prêtes à faire
feu.

D. Une vedette rend-elle les honneurs ?

R. Elle ne rend pas d'honneurs, ne se laisse
pas distraire de son service par l'apparition d'un
supérieur, et se borne à répondre aux questions
que celui-ci peut lui adresser tout en continuant
d'observer.

### INDICES.

D. Les vedettes ne peuvent-elles recueillir des
renseignements que par la vue de l'ennemi ?

R. Non, elles peuvent en puiser encore dans
certains indices qui doivent être observés avec
soin, et qui permettent de se procurer d'utiles
renseignements sur l'ennemi ?

D. Quelles sont les preuves à peu près certaines de l'approche de l'ennemi ?

R. L'inquiétude des habitants quand on combat
dans son propre pays ou dans un pays ami, leur
insolence si l'on est en pays ennemi.

D. Quels renseignements peuvent donner les
traces de pas, les empreintes laissées par les fers
des chevaux, et les roues de voitures ?

R. Ces directions peuvent servir à reconnaître
la direction suivie par les colonnes ennemies,
leur composition, leur ordre de marche et leur
force.

D. Qu'indiquent les nuages de poussière qui s'élèvent régulièrement au loin ?

R. Ils sont généralement soulevés par une colonne en marche, et on peut conclure de leur direction, de leur hauteur et de leur épaisseur, la direction de la marche de cette colonne, et même l'espèce des troupes qui la composent.

D. Quels renseignements peuvent donner les reflets que le soleil occasionne, en frappant les armes d'une colonne en marche ?

R. Si ces reflets sont nombreux et brillants, il est probable que la colonne s'avance ; s'ils sont au contraire incertains, passagers, inégaux, la colonne se retire.

D. Quels indices peuvent fournir des renseignements sur les campements de l'ennemi ?

R. L'intensité de la fumée pendant le jour, l'éclat et le nombre de feux pendant la nuit, mais il ne faut pas oublier que l'ennemi allume quelquefois des feux nombreux pour dissimuler un mouvement de retraite. Le roulement des voitures, le claquement des fouets, le hennissement des chevaux, l'aboiement des chiens dans un village, indiquent généralement un passage de troupe.

En général, les vedettes doivent observer tous les signes extérieurs qui sont de nature à les renseigner sur la position et les mouvements de l'ennemi.

D. Que font les vedettes quand elles ont recueilli quelque indice ?

R. Elles préviennent par un signe convenu d'avance leur petit poste dont le chef monte à cheval et vient reconnaître ; elles rendent compte aux rondes et patrouilles : pendant la nuit, l'une des vedettes va prévenir le poste, tandis que l'autre continue d'observer et de prêter attentivement l'oreille aux moindres bruits.

## PERSONNES SE PRÉSENTANT POUR FRANCHIR
## LA LIGNE DES AVANT-POSTES.

D. Les vedettes laissent-elles franchir leur ligne ?

R. Seulement par les chefs connus d'elles et par des personnes accompagnées d'un cavalier du petit poste.

D. Que fait un poste de vedettes, quand il voit s'approcher quelqu'un venant de l'extérieur ou de l'intérieur ?

R. L'un des deux cavaliers du poste s'avance et crie : halte-là ! Si la personne s'arrête, elle lui demande qui elle est, ce qu'elle veut ; si on continue de marcher, le cri halte-là ! est répété une seconde fois, et si l'on ne s'arrête pas à cette nouvelle injonction, ou si l'on cherche à s'enfuir, la vedette fait feu.

D. Si la personne s'arrête que fait-on ?

R. L'un des deux cavaliers du poste de vedettes la conduit au petit poste.

D. Si plusieurs personnes se présentent que fait-on ?

R. Le poste de vedette agit de même pour les arrêter, fait ensuite avancer un de ceux qui composent le groupe. Les explications une fois données, les personnes ainsi arrêtées sont conduites au petit poste.

D. La vedette simple arrête-t-elle ?

R. Elle arrête de la même manière toute personne qui se présente, et prévient le petit poste par un signal.


### DÉSERTEURS.

D. Que fait la vedette quand elle aperçoit un soldat qui cherche à déserter ?

R. Elle le poursuit, et, si elle peut le joindre, elle le conduit ou le fait conduire au petit-poste.

D. Doit-elle le poursuivre longtemps ?

R. Pas au delà de 200 mètres.

D. Que fait-elle si elle ne peut le saisir ?

R. Elle fait feu sur lui.

D. Comment la vedette arrête-t-elle les déserteurs ennemis ?

R. Elle les arrête à 100 m. et leur ordonne de déposer leurs armes, d'attacher leurs chevaux ou de les dessangler, et de s'en éloigner de quelques pas.

D. Que fait-on des déserteurs.

R. On les conduit au petit-poste.

D. Que fait-on des armes et des chevaux !

R. Les chevaux sont ramenés et les armes rapportées soit par les vedettes quand celles-ci sont relevées, soit par des cavaliers envoyés par le petit-poste.

D. Que fait-on si des déserteurs se présentent en grand nombre ?

R. On ne les laisse approcher que successivement.

### PARLEMENTAIRES.

D. Quelles sont les formalités annonçant un parlementaire.

R. Le port d'un drapeau blanc et des appels de trompette.

D. Quel est le devoir des vedettes dans ce cas ?

R. Arrêter le parlementaire à 100 m. de la ligne, et prévenir immédiatement le petit-poste. Prescrire au parlementaire et au trompette de faire face à l'extérieur jusqu'à l'arrivée du commandant du petit-poste.

D. Les vedettes communiquent-elles avec le parlementaire ?

R. En aucune façon.

## DÉCOUVERTE DE L'ENNEMI.

D. Que doivent faire les vedettes quand elles aperçoivent une patrouille ennemie de deux ou trois hommes ?

R. Se dissimuler le plus possible pour la laisser approcher, afin d'essayer de la surprendre et de faire des prisonniers.

D. Si la patrouille s'arrête à une certaine distance ou si elle a découvert les vedettes ?

R. Les vedettes font feu, ou observent selon les instructions qu'elles ont reçues.

D. Que font les vedettes si elles aperçoivent des forces plus importantes ?

R. L'une des vedettes se replie rapidement sur le petit-poste pour l'avertir, tandis que l'autre continue d'observer aussi longtemps qu'il lui est possible.

D. Que font les vedettes si elles sont attaquées vivement ou surprises ?

R. Elles font feu à plusieurs reprises pour prévenir et rejoignent rapidement le petit-poste.

## Service de nuit.

D. Quelle est la force et la place des vedettes pendant la nuit ?

R. Elles sont toujours doubles, et peuvent être rapprochées des petits postes.

D. Où les place-t-on de préférence ?

R. Dans les lieux bas pour qu'elles distinguent mieux ce qui vient d'en haut, et près des endroits mêmes qu'elles doivent observer, tels que chemins, ponts, carrefours, etc.

D. Quelle est leur attention ?

R. Elles doivent se fier plus à leurs oreilles qu'à leurs yeux, rabattre le collet de leur manteau pour entendre plus facilement tout bruit qui pourrait trahir l'approche de l'ennemi. Elles ne fument pas, et gardent le plus grand silence.

D. Que doivent-elles faire par le mauvais temps ?

R. Choisir un point de repère fixe et apparent, dans la direction qu'elles doivent observer.

D. Pourquoi ?

R. Parce que les chevaux se tournant insensiblement en sens opposé au vent ou à la pluie, elles pourraient se tromper sur l'orientation.

D. Les personnes étrangères à l'armée peuvent-elles franchir la ligne des vedettes ?

R. Non, à moins d'un ordre particulier du commandant de la grand'garde.

D. Que font les vedettes si quelqu'un tente de forcer cette consigne ?

R. Elles font feu.

D. Que se passe-t-il sur la ligne des vedettes, si l'on entend des coups de fusil ?

R. Un homme des 2 postes de vedettes voisins se porte, sans trop s'éloigner, dans la direction de ces coups de feu, pour en connaître la cause.

D. Les vedettes placées au même poste peuvent-elles le quitter en même temps ?

R. Dans aucun cas.

D. Si le bruit continue dans la même direction et si la vedette restée au poste ne voit pas revenir son camarade ?

R. Elle se replie lentement.

## MANIÈRE DE RECONNAITRE UNE TROUPE, UNE RONDE, UNE PATROUILLE.

D. En plein jour, lorsqu'il ne peut y avoir aucun doute sur l'identité d'une troupe amie, d'une ronde ou d'une patrouille, la vedette les reconnait-elle ?

R. Non, elle les laisse passer sans aucune formalité.

D. La nuit, ou lorsque la vedette conçoit quelque doute, comment reconnait-elle une troupe, une ronde ou une patrouille ?

R. Elle arme son fusil et crie : Halte-là !

D. Si on ne s'arrête pas ?

R. Elle répète une 2e fois : Halte-là !

D. Si on n'obéit pas à cette 2e injonction ?

R. La vedette fait feu.

D. Si l'on s'arrête ?

R. La vedette crie : Qui vive ?

D. Que dit-elle quand on lui répond : France, ronde ou patrouille ?

R. Avance à l'ordre ?

D. Que se passe-t-il alors ?

R. Un homme se porte en avant, la vedette l'arrête à quelques pas, elle reçoit le mot d'ordre et donne le mot de ralliement.

D. Les mots doivent-ils être prononcés bien haut ?

R. Non, le plus bas possible.

D. Quels sont les principes pour arrêter une troupe ?

R. A une distance d'autant plus grande que la troupe est plus nombreuse.

D. Que fait la vedette quand une troupe entre dans les lignes sans avoir connaissance du mot ?

R. La vedette l'arrête à quelque distance et prévient immédiatement le chef du petit-poste, qui vient s'assurer de l'identité de la troupe ?

D. Quand on est à proximité de l'ennemi, les vedettes crient-elles toujours : Halte-là ! et Qui vive ?

R. Non, ces cris peuvent être remplacés par des signaux convenus d'avance.

D. Quelle est la personne qui fait le premier signal ?

R. Toujours la vedette. Il est répondu par le signal convenu.

D. Comment se reconnaissent des vedettes qui se croisent pendant la nuit ?

R. La 1re qui aperçoit l'autre crie : Halte la, reçoit le mot d'ordre et rend le mot de ralliement.

D. En instruction est-il permis de faire des prisonniers ?

R. Non. Les hommes isolés ou les petits détachements qui, par suite du développement de l'action, devraient être considérés comme prisonniers, peuvent se retirer librement.

### POSTES DÉTACHÉS.

D. Quel est le rôle des postes détachés ?

R. Ils ont pour but :

Soit de renforcer une aile de la ligne des vedettes, lorsque cette aile ne s'appuie pas sur des obstacles naturels ou sur des troupes amies ; soit de conserver la communication entre 2 grand'gardes éloignées ; soit d'occuper des points importants tels que carrefours, défilés, ponts ; soit encore d'observer à grandes distances en s'établissant sur des positions dominantes.

D. Par qui sont fournis les postes détachés ?

R. Par la grand'garde ou par la réserve d'avantpostes.

D. Par qui sont-ils commandés et comment s'établissent-ils ?

R. Ils sont commandés par un sous-officier ou brigadier. Ils s'établissent, autant que possible près d'un chemin, en évitant de se placer en arrière d'un bois ou en avant d'un défilé. Ils font en sorte que leurs communications soient faciles avec les chefs auxquels ils doivent des rapports. Toutes ces considérations sont du reste subordonnées aux consignes particulières qui leur sont données.

D. Comment sont-ils gardés ?

R. Ils se gardent eux-mêmes au moyen de vedettes mobiles ou de petites patrouilles.

### PATROUILLES DE RONDES.

D. Comment sont habituellement composées les patrouilles d'avant-postes ?

R. De 2 hommes commandés par un brigadier ou un sous-officier.

D. Comment marchent-elles ?

R. Les cavaliers marchent les uns derrière les autres assez rapprochés pour se voir et se prêter un mutuel appui, assez éloignés pour n'être pas coupés ou enlevés à la fois dans le cas où ils tomberaient dans une embuscade.

D. Quelles précautions particulières doivent prendre les cavaliers de la patrouille ?

R. Il ne causent, ni ne fument, ils suivent les chemins de terre pour éviter de faire entendre le bruit des pas de leurs chevaux ; ils disposent leurs armes de manière qu'elles ne puissent frapper l'une contre l'autre ; enfin, ils prennent toutes les précautions possibles pour diminuer le bruit de leur marche.

D. Pendant le jour, comment marchent-ils pour se dérober à la vue de l'ennemi ?

R. Ils se faufilent le long des haies, des murs, dans des chemins creux et les ravins ; ils disparaissent dans les bois et vont sur la lisière du côté de l'ennemi pour voir ce qui se passe ?

D. Pendant la nuit comment marchent-ils ?

R. Ils suivent de préférence le fond des vallées et s'arrêtent souvent pour mieux entendre.

D. Que font les patrouilles en approchant de l'ennemi ?

R. Elles redoublent de précaution, un cavalier met pied à terre et pose son oreille contre le sol pour écouter ; elles s'embusquent quand elles entendent un bruit suspect.

R. Si elles aperçoivent une troupe en marche, que font-elles ?

R. Elles ne tirent ni ne se montrent, mais elles cherchent à connaître ses forces et ses projets, et, si l'un des cavaliers peut se retirer sans être découvert, il va prévenir.

D. Que font-elles si une vedette ennemie leur cri : Qui vive !

R. Elles ne répondent pas et s'arrêtent, à moins que l'un des cavaliers parlant la langue ennemie ne prononce quelques mots, qui lui donnent le change et leur permette soit de se rapprocher de la vedette pour l'enlever, soit de se retirer sans danger.

D. Si elles rencontrent l'ennemi en force et si elles ne peuvent le devancer pour prévenir les grands'gardes en temps opportun, que font-elles ?

R. Elles n'hésitent pas à faire feu et se replient rapidement par la route qu'elles ont suivie.

D. Quel mot reçoit le chef d'une patrouille avant de partir ?

R. Il reçoit le mot d'ordre et le mot de ralliement.

D. Communique-t-il à ses hommes le but de sa mission ?

R. Oui, il leur communique également les renseignements qu'il recueille, afin que chacun d'eux soit à même de faire un compte rendu exact, si la patrouille était forcée de se disperser pour rejoindre. Il désigne aussi un lieu de ralliement pour le cas où quelques hommes s'égareraient.

D. Comment se reconnaissent les patrouilles ?

R. De la même manière qu'elles sont reconnues par les vedettes. La première qui aperçoit l'autre reçoit le mot d'ordre et rend le mot de ralliement.

D. Que font les chefs de patrouille à leur rentrée ?

R. Ils rendent un compte exact de la figuration du terrain, qu'ils ont parcouru, du plus ou moins de vigilance des postes ennemis, en un mot de tout ce qu'ils ont reconnu.

### RONDES.

D. Quel est le but des rondes ?

R. De s'assurer de la vigilance des postes et des vedettes.

D. Par qui sont-elles faites ?

R. Par les commandants des avant-postes, des grand'gardes, des petits-postes, et par des officiers ou des sous-officiers désignés pour ce service.

D. Comment sont-elles composées ?

R. Celui qui fait la ronde est seul, ou accompagné d'un ou de 2 cavaliers.

D. Les rondes dépassent-elles des vedettes ?

R. Jamais. Leur mission est surtout un contrôle, mais en même temps elles observent avec soin les alentours, particulièrement du côté de l'ennemi ; elles communiquent aux différents postes les renseignements recueillis, et qui peuvent les intéresser.

## Service des marches.

D. Comment une troupe en marche se garde-t-elle contre les attaques et les poursuites de l'ennemi ?

R. Au moyen de différentes fractions qu'elle détache et qui prennent les noms d'avant-garde; de flanqueurs et d'arrière-garde, selon qu'elles protègent la tête, les flancs ou la queue de la colonne.

### AVANT-GARDE.

D. Comment se divise l'avant-garde ?

R. En 3 fractions qui prennent le nom de gros, de tête et de pointe d'avant-garde.

Elle détache en outre sur ses flancs des patrouilles qui reconnaissent les routes latérales.

D. Quelle est la force des avant-gardes ?

R. La force des avant-gardes comme celle des avant-postes varie du 1/4 au 1/6 de l'effectif total de la troupe.

Elle est, en général, d'un peloton pour un escadron et d'un escadron pour un régiment.

D. Quelle est la force de la tête d'avant-garde ?

R. Un peloton.

D. Quelle est la force de la pointe ?

R. Quatre cavaliers sous les ordres d'un maréchal des logis.

D. Quelles sont les distances généralement observées ?

R. La pointe marche à 400$^m$ en avant de la tête, la tête à 600$^m$ en avant du gros, la distance du gros au corps principal varie en raison de la force de ce dernier.

D. Comment sont composées les avant-gardes ?

R. Toujours de fractions constituées.

D. Emportent-elles leurs bagages ?

R. Jamais.

### POINTE D'AVANT-GARDE.

D. Quelle est la mission de la pointe ?

R. Reconnaître la route, examiner avec soin le terrain en avant et sur les flancs, et rendre compte de tout ce qu'elle observe.

D. Dans quel ordre marche-t-elle ?

R. Deux cavaliers à la même hauteur de chaque côté de la route, et le fusil ou le pistolet haut.

Le sous-officier à 30 ou 40<sup>m</sup> en arrière.

Les deux autres cavaliers à 100<sup>m</sup> des premiers.

D. Quelles précautions doit prendre, à l'égard de l'itinéraire, le chef de la pointe?

R. Le renseigner exactement sur l'itinéraire à suivre, prendre par écrit le nom des localités qu'on doit traverser, et en cas de doute, s'adresser au commandant de la tête d'avant-garde.

D. La pointe peut-elle quelquefois perdre de vue la tête d'avant-garde ?

R. Jamais, et à cet effet le sous-officier laisse un cavalier en arrière, lorsqu'il arrive à un embranchement, au tournant de route, ou au sommet d'une côte qui lui ferait perdre de vue le peloton.

D. Que fait le sous-officier de la pointe, s'il se présente quelques obstacles sur la route (voitures renversées, barricades, coupures, etc.)

R. Tout en se tenant sur ses gardes, il cherche à tourner où à rétablir le passage.

D. S'il ne peut y parvenir que fait-il ?

R. Il prévient le commandant de la tête d'avant-garde.

D. A proximité d'une colline ou d'un pli de terrain, que fait le chef de la pointe?

R. Il s'y porte avec un cavalier, gravit seul la pente et s'arrête avant d'arriver à la crête de manière à voir sans être vu.

D. Que fait le cavalier qui est resté en arrière?

R. Il se tient prêt à aller rendre compte.

D. S'il se présente un défilé, que font les cavaliers de la pointe ?

R. Ils s'y engagent pendant que le chef de la tête d'avant-garde fait reconnaître les alentours.

D. Quelle allure doit-on employer pour cette exploration.

R. Le trot, s'il est possible, afin de ne pas retarder la marche de la colonne.

D. Si l'ennemi n'est pas signalé, comment agit-on ?

R. Le sous officier s'établit avec les cavaliers de la pointe à quelque distance au delà du défilé, jusqu'à ce que la tête d'avant-garde l'ait franchi.

D. Si le défilé est encaissé ?

R. Un des cavaliers de la pointe gagne le sommet du talus, pour reconnaitre le terrain en mettant au besoin pied à terre.

D. En pays hostile ou parcouru par l'ennemi, que font les cavaliers de pointe en atteignant un pont ?

R. Ils recherchent s'il existe des traces de travail récent, qui pourraient indiquer une préparation de destruction.

Ils examinent également le dessous du pont et des routes, pour s'assurer qu'aucune disposition de rupture n'a été prise.

D. Quand la pointe est près d'atteindre un bois, que fait-elle ?

R. S'il est de peu d'étendue les deux premiers cavaliers gagnent de l'avance, s'engagent dans le bois et le traversent. L'un d'eux reste posté au débouché, tandis que l'autre vient rendre compte au sous-officier.

D. Si le bois est profond, ou que certains indices annoncent la présence de l'ennemi, que fait-on ?

R. Le sous-officier informe le chef de la tête, qui prend ses dispositions.

D. Comment agit la pointe à l'approche d'un petit village.

R. Elle cherche à s'emparer d'un habitant, et

lui demande des renseignements. Si ce moyen d'information manque, les deux cavaliers de la pointe parcourent au galop la rue principale du village, l'un vient rendre compte de ce qu'il a pu observer, l'autre reste en observation à la sortie du village.

D. Pour un village plus considérable qu'elle conduite tient-on ?

R. Le chef de pointe le fait explorer rapidement dans tous les sens et reste lui-même à l'entrée, en retenant s'il est nécessaire un des habitants jusqu'à leur retour.

D. Devant un centre de population important que fait le chef de la pointe ?

R. Il agit de même à moins d'ordres contraires.

D. Si les renseignements recueillis annoncent la présence certaine de l'ennemi dans un village, que fait-on ?

R. La pointe se retire immédiatement, et autant que possible sans se montrer, en ramenant au chef de la tête d'avant-garde les habitants qu'elle a pu arrêter.

D. Quand les cavaliers de la pointe arrivent pendant la nuit près d'un village, comment agissent-ils ?

R. Ils quittent la route principale, se glissent silencieusement jusqu'aux premières maisons, s'arrêtent et écoutent, l'un d'eux met pied à terre au besoin pour reconnaître d'une manière plus complète et cherche à pénétrer dans une maison, afin d'interroger les habitants.

D. Les cavaliers de pointe se laissent-ils dépasser par les personnes se dirigeant du côté de l'ennemi ?

R. Jamais. Tout passant est envoyé au sous-officier, qui lui demande des indications sur l'ennemi, ainsi que sur les routes, les accidents de terrain, ou les localités qui se trouvent dans le voisinage.

D. Si l'importance de ces indications lui semble réelle que fait le sous-officier?

R. Il fait conduire les personnes interrogées au chef de la tête d'avant-garde. Tout individu suspect est arrêté.

D. Que fait le chef de pointe, quand il aperçoit une troupe qui paraît armée ?

R. Il en informe le commandant de la tête d'avant-garde, et se porte à hauteur des premiers cavaliers pour reconnaître cette troupe. Après avoir reconnu son identité, il continue sa marche.

D. Que font les cavaliers de pointe s'ils aperçoivent quelques indices positifs de la présence de l'ennemi ?

R. Ils en préviennent le sous-officier, par un signal convenu, s'arrêtent et cherchent à se dissimuler.

D. Que fait le sous-officier ?

R. Il se porte à hauteur des deux premiers cavaliers, observe à son tour, et s'il y a lieu rend compte rapidement au chef de la tête d'avant-garde.

D. Les cavaliers de pointe doivent-ils faire feu?

R. Seulement s'il n'y a pas d'autres moyens de prévenir la troupe en arrière.

D. Si l'ennemi se retire que fait la pointe ?

R. Elle continue sa marche sans chercher à poursuivre.

D. Si l'ennemi prend l'offensive avec quelques cavaliers seulement ?

R. La pointe résiste.

D. En cas de force supérieure que fait-elle ?

R. Elle se replie avec calme, sans gêner l'action de la tête d'avant-garde qui se porte immédiatement en avant pour la soutenir.

D. Qu'est-ce qu'une halte gardée ?

R. C'est l'ensemble des dispositions que prend une colonne pour assurer la sécurité pendant une halte de quelque durée. Le gros de l'avant-garde fait le service de grand'garde, la tête celui du petit poste ; la pointe et les flanqueurs s'établissent en vedettes sur les points les plus favorables à l'observation du terrain.

D. Comment s'y prend-on pour passer un gué?

R. Il faut empêcher le cheval de s'arrêter, marcher les yeux fixés sur la rive opposée, en présentant la tête des chevaux obliquement en amont si le courant est rapide. Dans le cas où les chevaux perdraient pied, on évite de gêner leurs mouvements, et on ne les dirige qu'avec le filet.

D. Que font les cavaliers de la pointe s'ils rencontrent une troupe amie en marche ?

R. Ils en rendent compte immédiatement. Ils ne doivent jamais la couper. Si cette troupe est arrêtée, ils attendent des ordres pour passer devant elle. S'ils croisent une troupe, ils prennent la droite de la route.

### ARRIÈRE-GARDE.

D. Quel est le rôle de l'arrière-garde ?

R. Au point de vue du service de sûreté, son rôle consiste à surveiller les derrières de la colonne, pour empêcher l'approche des partis ennemis.

L'arrière-garde a en outre une mission d'ordre et de police, elle arrête les maraudeurs, empêche les traînards de rester en arrière et les force autant que possible à continuer leur route.

D. Relativement au convoi quel est le service du commandant d'arrière-garde?

R. Il veille constamment avec le commandant du convoi, à ce que les voitures serrent à distance, et ne s'arrêtent que lorsque la colonne fait halte elle-même.

D. Quelle est la composition de l'arrière-garde pour un escadron ?

R. Six hommes commandés par un sous-officier ?

D. A quelle distance marche l'arrière-garde ?

R. A 200<sup>m</sup> du corps principal ou des dernières voitures du convoi, deux cavaliers marchent 100<sup>m</sup> plus loin et forment la pointe d'arrière-garde.

D. Quand le chef d'arrière-garde rend-il compte au commandant de la colonne ?

R. A chaque halte, en cas d'urgence, il expédie un cavalier.

D. Que fait l'arrière-garde dans les haltes gardées ?

R. Elle fait demi-tour, et complète la sûreté de la colonne en envoyant des vedettes sur ses flancs pour surveiller le terrain.

D. Dans une marche en retraite quel est le rôle de l'arrière-garde ?

R. Elle est chargée d'assurer et de couvrir les derrières de la colonne principale. Sa force est égale à celle de l'avant-garde dans une marche en avant, ses attributions sont analogues et inverses.

## POSTES DE CORRESPONDANCE.

D. Qu'est-ce que les postes de correspondance ?

R. Ce sont des groupes de 3 ou 4 cavaliers placés en des points déterminés, et à 4 ou 5 kilomètres les uns des autres.

D. Quels renseignements leur donne-t-on en les établissant ?

R. Le chef de poste, qui peut-être le plus ancien cavalier, reçoit par écrit le nom des lieux occupés par les postes voisins, la distance de ces postes. On lui indique la route pour s'y rendre et le chemin par lequel il devra se rallier à la colonne, dans le cas où celle-ci suivrait un autre itinéraire pour le retour.

D. Comment les postes de correspondance sont-ils rendus reconnaissables ?

R. Par un signe visible, un fanion le jour, une lanterne la nuit.

D. Quelles dispositions prend-on pour assurer le service ?

R. Un des cavaliers reste sur la route, prêt à monter à cheval, et surveille les directions par lesquelles peuvent arriver les estafettes des postes voisins. Les autres cavaliers peuvent s'abriter, faire manger leurs chevaux et se reposer en prenant les précautions de sûreté nécessaires.

D. Que fait le cavalier qui observe quand il voit venir une estafette ?

R. Il se met en selle pour partir sans retard.

D. Que fait le porteur d'une dépêche en arrivant à un poste de correspondance ?

R. Il remet sa dépêche, prend un reçu, se repose un instant et retourne à son poste, emportant les dépêches qui pourraient y être adressées.

D. Que fait l'estafette si elle ne trouve personne pour recevoir sa dépêche ?

R. Elle continue sa route jusqu'au poste suivant.

D. A quelle allure marchent les estafettes ?

R. A l'allure indiquée sur l'enveloppe de la dépêche, c'est-à-dire : allure ordinaire, moitié au pas, moitié au trot ; allure accélérée, tout le temps au trot ; allure rapide, tout le temps au galop.


## CANTONNEMENTS ET BIVOUACS.

D. Qu'est-ce que le point de rassemblement dans un cantonnement ou dans un bivouac ?

R. Un endroit désigné dans chaque escadron

et que les cavaliers doivent connaître, pour s'y rendre immédiatement en cas d'alerte.

D. Qu'est-ce que la place d'armes ?

R. Le lieu où les escadrons sont conduits par leurs capitaines, en cas d'alerte, après s'être formés au point de rassemblement.

D. Que font les cavaliers dans les cantonnements au signal d'alerte ?

R. Ils sellent avec la plus grande rapidité, et se portent de suite au point de rassemblement.

D. Que font-ils au bivouac en cas d'alerte?

R. Ils sellent rapidement, prennent leurs armes et restent à la tête des chevaux jusqu'à ce que des ordres soient donnés.

D. Quelles prescriptions doit-on surtout observer en cas d'alerte ?

R. En agissant avec célérité, agir surtout avec ordre et sang-froid et ne pousser aucun cri.

## Fanions affectés aux quartiers généraux, ambulances, arbitres.

D. A quel signe reconnaît-on l'emplacement d'un quartier général?

R. A un fanion pendant le jour et à une lanterne pendant la nuit.

D. Où se place ce fanion ?

R. Pendant les marches et sur les champs de bataille, il est porté derrière le général par un maréchal des logis porte-fanion ; en station, dans les camps, bivouacs ou cantonnements, il est placé à la porte du logement du général.

D. Comment distingue-t-on les différents quartiers généraux ?

R. Par la forme et la couleur des fanions et par la couleur des lanternes.

D. Quel est le fanion du général commandant le corps d'armée?

R. C'est un fanion rectangulaire tricolore : bleu, blanc et rouge.

D. Celui du général commandant la 1re division du corps d'armée ?

R. Un fanion rectangulaire, rouge avec une bande blanche verticale.

D. Celui du général commandant la 2e division du corps d'armée ?

R. Un fanion rectangulaire, rouge avec deux bandes blanches verticales.

D. Celui du général de brigade de cavalerie ?

R. Un fanion en forme de flammes, mi-partie bleu et blanc (le blanc en dessous).

D. Celui du général de brigade d'artillerie ?

R. Un fanion en forme de flammes, mi-partie rouge et bleu (le bleu en dessous).

D. Celui d'un général de division de cavalerie, commandant une division indépendante ?

R. Un fanion rectangulaire, bleu et blanc en diagonale.

D. Celui du général commandant en chef l'artillerie ou le génie de l'armée ?

R. Un fanion rectangulaire, rouge et bleu en diagonale.

D. Celui du général commandant en chef une armée ?

R. Comme celui du général commandant le corps d'armée, avec une cravate tricolore à la hampe.

D. Quel est le fanion distinctif des ambulances ?

R. C'est un fanion rectangulaire : blanc bordure rouge, avec une croix rouge au milieu.

D. Ce drapeau est-il particulier à l'armée française ?

R. Non, c'est le signe distinctif adopté pour les ambulances par toutes les nations qui ont signé la Convention de Genève.

Ce drapeau doit être toujours accompagné du drapeau national.

D. La croix rouge ne se trouve-t-elle que sur le drapeau des ambulances?

R. Elle se trouve aussi sur le brassard blanc que doit porter le personnel de l'intendance, de l'administration, du service de santé, de transport des blessés, les aumôniers, les musiciens; en un mot tous les non-combattants.

D. Quelle est la couleur des lanternes des différents quartiers généraux ?

R. *Verre blanc*, pour un général commandant une armée ou un corps d'armée.

*Verre rouge*, pour un général commandant une division d'infanterie, général commandant une division de cavalerie, général de division d'artillerie et du génie.

*Verre vert*, général de brigade de cavalerie, général de brigade d'artillerie.

Deux lanternes, une rouge et une blanche indique une ambulance.

Fanion
du général d'armée.

Fanion de général
commandant un corps
d'armée.

Général comman-
dant la 1re division.

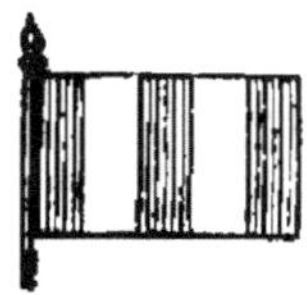

Général comman-
dant la 2e division.

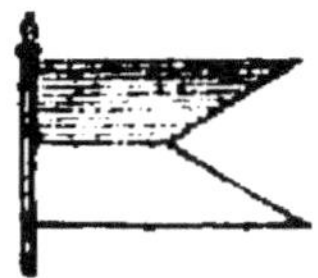

Général comman-
dant la brigade de caval.

Général commandant
une div. de caval.

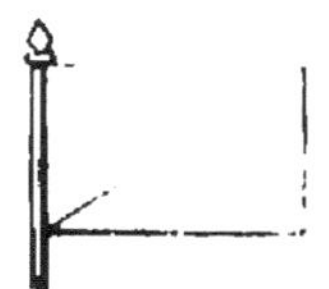

Général de division
d'artill. et du génie.

Général commandant
la brigade d'artill.

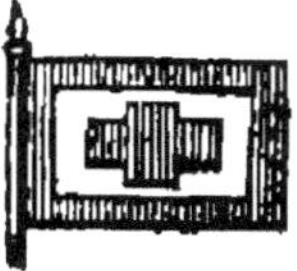

Ambulances.

## Destruction des chemins de fer et télégraphes.

D. Comment détruit-on une voie de chemin de fer ?

R. 1° Chasser les coins à coups de marteau, faire sortir les rails des coussinets ; 2° dévisser les boulons des éclisses, ou les briser, faire une tranchée dans le ballast, pour découvrir le tire-fonds et les arracher ou les casser ; 3° déchausser les traverses, les entasser, y mettre le feu et placer les rails sur le foyer pour les fausser.

D. Que détruit-on dans les gares ?

R. Briser les aiguilles en enlevant les écrous, fausser les engrenages des plaques tournantes, casser les pièces importantes des prises d'eau, éventrer les réservoirs.

D. Comment détruit-on une ligne télégraphique ?

R. Couper et enlever les fils sur la plus grande longueur possible, briser les supports de porcelaine, couper les poteaux en bois.

## Destruction du matériel.

D. Comment encloue-t-on une pièce ?

R. On enfonce un clou dans la lumière, on le brise au ras de la pièce par un coup sec sur le côté.

Pour les pièces se chargeant par la culasse, on

emporte l'appareil de fermeture, on casse les hausses, on jette à l'eau les munitions.

D. Comment détruit-on les armes portatives ?

R. On brise les crosses de fusils, on fausse les canons, on enlève la culasse mobile. On enlève le barillet des revolvers, on noie les cartouches, on fausse les lames de sabre, on casse les hampes des lances.

# USAGE DE LA DYNAMITE

## PROPRIÉTÉS GÉNÉRALES

### DE LA DYNAMITE.

La dynamite se compose de 75 pour 100 de nitro-glycérine et de 25 pour 100 d'un sable particulier appelé randanite.

*Action de la chaleur.* — La dynamite chauffée entre en décomposition à 40° et fait explosion à 180°. Il ne faut donc jamais l'approcher du feu. Lorsqu'on l'allume avec une allumette, elle brûle avec flamme sans détoner.

*Action du froid.* — Elle gèle à 8° au-dessus de 0°. Dans ce cas, ses effets sont moins réguliers et il faut la faire dégeler en la mettant dans sa poche pendant dix minutes.

*Action de l'eau.* — Elle agit très bien dans l'eau ; cependant si on l'y laisse trop longtemps, la nitro-glycérine se sépare du sable et la dynamite perd sa force.

*Action des chocs.* — On peut parfaitement et sans danger laisser tomber un pétard de dynamite ou le jeter contre un mur ; elle ne fait explosion que sous l'influence d'un choc très violent. Dans son emploi ordinaire, on fait détoner une capsule de fulminate pour déterminer l'explosion.

La dynamite est un poison violent ; il faut donc éviter de porter les mains à la figure lorsqu'on en a touché et toujours se laver les mains ensuite. Mettre des gants si l'on a des écorchures.

*Détonation par influence.* — Une charge de dynamite en faisant explosion fait détoner une seconde charge placée à une certaine distance. La détonation par influence permet de n'amorcer qu'un seul pétard dans une charge, si nombreux que soient les pétards de cette charge.

## Emploi de la dynamite.

*Pétard.* — Le pétard est une charge de 100 grammes de dynamite renfermés dans une enveloppe rectangulaire de fer-blanc; sur chacun de ses fonds est soudé un petit tube faisant saillie à l'intérieur et destiné à recevoir la capsule.

*Capsule.* — Petit cylindre en cuivre fermé à l'une des extrémités, et renfermant 1 gramme 50 de fulminate de mercure.

*Cordeau Bickford.* — Petite corde goudronnée à l'extérieur pour la rendre imperméable et renfermant dans l'intérieur une traînée de poudre. Le bickford brûle très régulièrement, à raison de un mètre en une minute et demie. Il brûle aussi dans l'eau.

*Amorçage.* — Rafraîchir le bickford, l'introduire dans la capsule, l'enfoncer jusqu'au fond, étrangler la capsule pour retenir le bickford, placer la capsule dans un des tubes du pétard, réunir le bickford et le pétard par une ficelle, de manière que la capsule ne puisse pas sortir de son logement.

*Mise du feu.* — Rafraîchir le bickford, le fendre sur un centimètre environ pour mettre la poudre à découvert; faire cela avec précaution, la poudre tombant facilement. Placer un morceau d'amadou dans la fente, resserrer les deux bouts qui maintiennent l'amadou; allumer l'amadou.

La fente étant ouverte, on peut encore mettre directement le feu avec un cigare, une cigarette, une mèche de fumeur; jamais avec une allumette.

## Ruptures diverses.

Pour que l'explosion ait son effet, il est indispensable que le pétard soit en contact intime avec l'obstacle à détruire. Pour l'établir d'une façon complète, on place sur la charge quelques poignées de terre ou de sable. C'est ce qu'on appelle *bourrer*. Le bourrage augmente considérablement les effets de la dynamite.

Une charge se compose d'un certain nombre de pétards.

La charge est dite *concentrée*, lorsque les pétards sont réunis en bloc.

Lorsque les pétards sont réunis bout à bout le long d'une baguette ou dans un saucisson en toile, la charge est dite *allongée*.

### 1. — VOIES FERRÉES.

Placer deux pétards l'un sur l'autre contre le rail, entre deux traverses et de préférence à la jonction de deux rails, pour en détruire deux à la fois, bourrer, s'éloigner d'au moins **200** mètres dans la direction de la voie. La brèche est d'environ 0<sup>m</sup>,40.

*Rupture double.* — Placer deux charges de deux pétards chacune, l'une intérieure, l'autre extérieure, entre deux intervalles consécutifs de traverses, à 1<sup>m</sup>,50 environ l'une de l'autre; avoir les mêmes longueurs de bickford pour les deux charges. Réunir les deux extrémités dans une main pour les allumer toutes les deux à la fois, de manière que les deux explosions soient simultanées.

L'interruption de voie est d'environ 1<sup>m</sup>,80; opérer autant que possible sur les deux rails de la voie.

*Rupture de deux traverses.* — Deux charges de

cinq pétards placées sur deux traverses non consécutives et en laissant entre elles une seule traverse, produisent une interruption de voie de $2^m,50$ environ.

Les points à choisir pour les ruptures de voies ferrées sont :

1° Les courbes ; et si l'on n'opère que sur un seul rail, détruire le rail extérieur ;

2° Les parties en déblai, de manière que le déraillement produise un encombrement ;

3° Les bifurcations. Là on peut détruire deux voies à la fois en opérant sur la pièce de cœur au moyen de quatre pétards.

*Plaques tournantes.* — Opérer sur l'axe avec dix pétards.

*Aiguilles.* — Briser soit le levier avec trois pétards, soit la barre avec deux.

*Réservoir d'eau.* — Suspendre un pétard sur le flanc avec une ficelle ; la tôle est crevée. Il vaut mieux agir sur le robinet-vanne au moyen d'un pétard.

*Locomotive.* — Briser la bielle avec trois pétards, détériorer quelques tubulures en faisant détoner un pétard dans chacune ; crever les boîtes des pistons (cylindres) avec 4 pétards.

## II. — MURS.

*Brèches.* — Pour un mur d'environ $0^m,50$ d'épaisseur, il faut :

En charge *concentrée* : 18 pétards pour obtenir une brèche de $1^m,15$.

En charge *allongée* : 25 pétards par mètre courant.

*Créneaux.* — Six pétards suspendus avec une ficelle à la hauteur voulue ; s'éloigner à 50 mètres au moins dans le sens de la longueur du mur.

## III. — ARBRES.

On peut abattre un arbre ou un poteau télégraphique, soit par le contact, c'est-à-dire en l'entourant d'un cordon de pétards, soit par le forage, c'est-à-dire en faisant un trou dans l'arbre et en plaçant des pétards dans ce trou.

| Diamètre de l'arbre. | Par le contact. | Par le forage. |
| --- | --- | --- |
| 0ᵐ10 | 1 pétard. | 1 pétard. |
| 0ᵐ20 | 5 id. | 1 id. |
| 0ᵐ30 | 10 id. | 3 id. |
| 0ᵐ40 | 20 id. | 5 id. |

L'arbre tombe toujours du côté du forage ou du côté où la charge est la plus forte dans l'abatage par le contact. On peut donc toujours en régler la chute.

## IV. — PIÈCE DE CANON.

Cinq pétards dans l'âme de la pièce dont on obstrue la bouche avec de la terre ; s'éloigner dans la direction de la bouche, à 500 mètres au moins, si l'on n'a pas d'abri.

# RECONNAISSANCES

Tout cavalier peut être appelé à compléter les
indications portées sur la carte par une reconnaissance : les renseignements recueillis sont consignés sur un rapport de reconnaissance, généralement établi sur une feuille du modèle prescrit
par l'instruction pratique du 17 février 1875
(page 152).

Ces rapports doivent être clairs, concis, et ne
mentionner que des détails véritablement inté-
ressants. Autant que cela sera possible, on y
joindra un croquis si simple qu'il soit.

## 1° Reconnaissance d'une route, d'un chemin.

Mentionner sa classification, sa direction générale, les localités les plus importantes qu'il met
en communication. Sa nature, pavé, empierré...,
etc., s'il est bordé d'arbres ; sa largeur, la largeur de ses accotements ; s'il est en déblais ou en
remblais ; fossés ; état d'entretien.

Pentes et changements de direction les plus
importants, embranchements. — Nature du pays
environnant ; villes, villages, rivières, voies ferrées qu'elle traverse, fermes, maisons isolées importantes, château qu'elle dessert.

Facilité qu'elle offre pour la marche : défilés,
mauvais passages, points où elle peut être le plus
utilement et le plus rapidement coupée.

Exemple :

*Reconnaissance de la route d'A... à D..., entre
A... et le village de S...*

Cette voie de communication est un tronçon

de la route nationale n° 5 de Paris à B..., elle sort d'A... par la porte de D... franchit la rivière, et se dirige en ligne droite à l'Ouest, en laissant les bâtiments de la gare au Sud, et le terrain de manœuvres au Nord.

Elle est empierrée, bordée d'arbres sur une longueur de 1 kil.; sa largeur est de 12$^m$, accotements compris; ceux-ci ont 1$^m$50 chaque.

Elle monte en pente douce, formant un remblai de 2$^m$50 environ au-dessus de la plaine souvent inondée.

A la sortie du pont, s'en détachent : *Au Nord*, un chemin assez bien entretenu qui, longeant la rive droite de la rivière, se dirige vers le village d'A...; et un autre défoncé par la pluie et présentant des ornières profondes qui gagnent le village de V...; *au Sud*, un chemin empierré, bien entretenu qui, passant sous la voie ferrée, se dirige sur le village de T..., et le chemin de la gare qui rejoint le précédent en longeant la chaussée du chemin de fer.

A 500$^m$ de la ville d'A..., ponceau en pierres donnant passage à un canal d'écoulement.

A 1100$^m$, la route traverse la voie ferrée (ligne de D... à D...), au moyen d'un passage à niveau; une amorce qui prend à droite permet de passer sous cette voie en tout temps, elle se raccorde avec la route aussitôt après.

1 kil. plus loin, au lieu dit : *la petite chapelle*, la route est coupée à angle droit par un chemin qui dessert les M..., T..., au Sud ; V..., A..., P..., au Nord ; elle monte ensuite sensiblement pendant 100$^m$ environ, gravissant les premières pentes du versant Ouest de la vallée ; laisse à droite le château de M... avec parc enclos de murs. — Puis elle s'infléchit légèrement au Nord-Ouest, et pénètre dans les bois. Dans cette par-

tie, à hauteur d'une briqueterie se détache au Nord un chemin qui rejoint V...

La route court alors sur le plateau qui s'étend entre la S... (rivière) et le ruisseau de S... ; elle traverse l'extrémité des bois de M..., suivant une direction parallèle à la voie ferrée et à 800$^m$ d'elle, redescend ensuite en pente douce pendant 1 kil. et atteint le village de S...

Cette route est dans tout son parcours en excellent état d'entretien, et praticable aux différentes armes en toute saison.

L'infanterie pourrait y passer sur un front de section : la cavalerie y marchera à l'aise en colonne de route ; l'artillerie et les voitures sur 2 de front.

La traversée de la forêt exigerait des précautions particulières en présence de l'ennemi. Si l'on voulait rendre la route impraticable, le mieux serait de faire sauter une arche du pont sur la rivière ; il serait aussi facile de disposer des abatis à hauteur de la forêt.

## 2° Reconnaissance d'un fleuve, d'une rivière.

On notera :

« La direction générale, la largeur, la profondeur, la vitesse du courant ; les variations habituelles du niveau de l'eau ; affluents ; îles.

« La nature du fond, des rives, renseignements sur leur élévation relative, facilités pour aborder, chemins longeant la rivière.

« Moyens de passage : *Ponts*, renseignements sur leur importance et la nature de leur construction. »

*Bacs-Gués.* — Leur profondeur, nature du fond, chemins qui y aboutissent ; facilités d'accès, travaux qu'il y aurait lieu d'exécuter pour les améliorer.

*Écluses.  — Barrages. — Digues et quais. —*
Il sera bon de donner aussi quelques indications sur la qualité et les propriétés de l'eau au point de vue alimentaire.

*Canaux.* — Renseignements analogues, plus détaillés, sur les écluses, digues, chemins de halage.

Exemple :

*Reconnaissance de la S..., entre les villages de P... et de T...*

La S..., entre P... et T..., coule du Nord au Sud.

Sa largeur moyenne dans cette partie de son parcours est de 150 m, sa profondeur maximum 3ᵐ. — La vitesse du courant est sensiblement de 0ᵐ70 par seconde. Le niveau de l'eau, très bas en été, s'élève rapidement en hiver et surtout au printemps, et l'eau couvre alors toutes les prairies environnantes.

La S... traverse un terrain bas, de nature argileuse, ses rives, à même hauteur, sont facilement accessibles.

En quittant P..., elle s'infléchit à l'Ouest, coule de nouveau au Sud pendant 1500ᵐ, puis revient à l'Est et reprend sa direction légèrement au Sud-Est. Elle est, dans cette partie, longée à droite par un chemin bien entretenu qui vient d'A..., 1 kil. après le changement de direction elle présente une île dite île de la B..., sans importance, — 1500ᵐ plus loin, elle atteint la petite ville d'A..., qu'elle laisse à sa gauche.

Un quai de 600ᵐ de long borde cette rive.

Un pont en maçonnerie de 8 arches relie la ville avec la rive droite; la largeur du tablier est de 8ᵐ, trottoirs compris ; la chaussée elle-même a 6ᵐ, les parapets en pierres de taille ont 0ᵐ80 de haut.

A 100ᵐ du pont, un grand barrage en maçonnerie s'étend obliquement dans toute la largeur de la rivière.

A 200ᵐ pont métallique de 8 arches servant au passage du chemin de fer de D... — La rivière se redresse vers l'Ouest, est longée à droite par le chemin d'A... à T... ; elle prend ensuite la direction du Sud-Ouest, reçoit à droite un ruisseau de peu d'importance. A hauteur du confluent est le village de T...

La navigation est insignifiante sur la S... dans cette partie ; des barques seulement y circulent, elles abordent facilement en raison de la nature basse et de la pente adoucie des rives. La rivière ne peut être franchie qu'aux deux ponts ci-dessus mentionnés.

## 3° Reconnaissance d'une voie ferrée.

Mentionner :

La direction générale, le réseau, les localités les plus importantes mises en communication.

Nature de la voie, nombre de voies ; état d'entretien ; ouvrages d'art ; tunnels, ponts, passages à niveau ; déblais, remblais.

Stations ou gares, bâtiments, réservoirs à eau ; voies de garage ; plaques tournantes, aiguillage, quais d'embarquement.

Lignes télégraphiques.

Ressources en matériel roulant, en matériel fixe.

Points favorables pour la destruction de la voie ; facilités pour la remettre en état.

Exemple :

## *Reconnaissance du chemin de fer entre A...
et C...*

Ce chemin de fer fait partie de la ligne qui relie les villes de D... et de B... Il appartient au réseau de... et est à double voie dans toute son étendue. Sa direction générale est de l'Est à l'Ouest. — Il arrive à A... aussitôt après avoir franchi la rivière.

La gare d'A... est importante : le bâtiment principal a 2 étages ; le quai d'embarquement des voyageurs mesure 60ᵐ de longueur ; de l'autre côté de la voie, est un petit bâtiment d'attente en planches et un quai de 40ᵐ de longueur.

Il y a deux voies de garage, un hangar pour les marchandises avec quai de 15ᵐ de long, et rampe d'accès à l'extérieur.

Réservoir d'eau, 2 plaques tournantes.

En quittant A..., la voie ferrée passe au dessus du chemin de T..., elle est en remblais pendant 2 kil. environ, et se dirige d'abord au Nord-Ouest. — A 1 kil. d'A..., elle est traversée par la route nationale d'A... à D..., au moyen d'un passage à niveau, une amorce qui coupe le remblais de la voie permet de la franchir en tout temps au moyen d'un pont au dessous. — A 200ᵐ plus loin, pont en maçonnerie sur un petit canal d'écoulement. — Passage à niveau à hauteur du chemin de T... à V..., puis la voie se dirige franchement à l'Est ; au moment où elle change de direction, s'en détache le chemin de fer d'A... à G... Elle pénètre ensuite dans les bois de M... en tranchée pendant 800ᵐ, passe à la pointe Sud de l'Etang N..., franchit le ruisseau de D... au moyen d'un pont en maçonnerie ; puis remonte légèrement au Nord-Ouest, en remblais de nouveau pendant 100ᵐ et arrive à la station de C..., qui est distante de la gare d'A... de 9 kil.; 6 fils télégraphiques suivent la voie ferrée.

La voie pourrait être aisément coupée au pont sur la route nationale d'A... à D..., ou encore et de préférence à celui qui permet de franchir le ruisseau de D...

## 4° Reconnaissance d'un village, hameau, etc.

Mentionner :

La situation, l'importance, la configuration générale du village : les carrefours, les voies de communication qui le traversent.

Mode de construction des maisons, disposition des jardins; quelques mots sur l'enceinte extérieure et la possibilité de l'organiser défensivement.

Nombre de maisons, église, bâtiments principaux, parti que l'on peut en tirer au point de vue du cantonnement. Combien d'hommes pourraient être logés, écuries, étables, hangars ; combien de chevaux pourraient y être placés.

*Puits.* — Abreuvoirs, fontaines, travaux qu'il pourrait être nécessaire d'y exécuter.

*Fours.* — Combien ils pourraient cuire en 24 heures? Nombre d'habitants, renseignements sur les ressources en bétail. Approvisionnements en denrées de toute nature : *fourrages, grains, farines,* etc...

Exemple :

*Reconnaissance du village d'A...*

Le village d'A... est bâti en long; il s'étend du Nord au Sud, et est traversé suivant sa plus grande dimension par un chemin de grande communication qui vient de T... et se dirige sur P... De son extrémité Nord, se détache un chemin vicinal qui gagne la S..., en longe la rive droite et mène à la petite ville d'A... Un autre chemin moins important part du milieu du village, et prenant à l'Ouest s'engage dans les bois de M... Il n'y a pas d'église, mais une chapelle dépendant d'un asile important qui est au Nord du village, à l'Ouest de la route. — A peu près au milieu du village et à l'Est de la route, est un château avec parc, enclos de murs; un chemin longe le parc et rejoint celui indiqué plus haut qui se dirige sur la ville d'A...

Les maisons, au nombre de 60, sont presque toutes à un seul étage; elles donnent sur la route, et ont en général un verger derrière.

L'enceinte extérieure, très allongée et formée par une haie vive presque continue, qui a dans la partie Est du village de belles vues sur toute la vallée; elle serait facile à organiser défensivement en creusant à l'intérieur un fossé et en rejetant la terre en avant pour en former un petit parapet appuyé à la haie.

Le village d'A..., logerait facilement 500 hommes et 200 chevaux; il y a des écuries ou hangars attenant à toutes les habitations.

Deux abreuvoirs permettraient de faire boire les animaux: il existe trois puits dont l'eau est d'excellente qualité. — On compte 4 fours susceptibles d'être utilisés pour les besoins de la troupe.

Le village d'A... a deux maréchaux ferrants et un charron, — il fournirait facilement 2,500 quintaux de foin, 1,800 quintaux de paille, et 600 hectolitres d'avoine. On n'y trouverait guère plus de 160 kil. de farine.

### 5° Reconnaissance d'une forêt, d'un bois.

Indiquer :

Sa position, son étendue, sa nature (taillis, futaie), essence des arbres, nature de la terre, relief du sol, ses principaux accidents.

Voies de communication, carrefours, ronds-points, clairières, fourrés, ravins, étangs, mares, cours d'eau. Maisons de garde, étudier tout particulièrement la lisière ; ses propriétés, ses vues, les facilités qu'elle présente pour une organisation défensive ; les moyens de réaliser cette organisation.

Exemple :

*Reconnaissance du bois de la C...*

Le bois de la C... est situé à environ 3 kil. à l'Est de la petite ville d'A..., sur la rive gauche de la S... Sa longueur du Nord au Sud est d'environ 7 kil., sa largeur de l'Ouest à l'Est de 2 kil., sa superficie de 1,400 hectares.

Le bois est tout en taillis, en plusieurs endroits, il a été éclairci par des coupes régulières.

Le sol légèrement argileux se détrempe facilement, et par les mauvais temps les allées sont presques impraticables.

Deux chemins empierrés le traversent de l'Ouest à l'Est : celui qui d'A... mène au village de P... au Nord, et le chemin de R... au Sud. Ces deux voies ne sont reliées à l'intérieur du bois que par une longue avenue, non empierrée, impraticable aux voitures par la pluie.

Plusieurs mares se rencontrent à proximité des voies de communication, la principale, dite Mare des E..., est près de l'intersection du chemin de P... avec l'avenue principale.

Pas d'habitations forestières ; mais des abris en rondins servant aux bûcherons.

La lisière occidentale, très fourrée, très découpée, présente de belles vues sur la vallée de la S..., elle serait facilement mise en état de défense.

La lisière Nord et la lisière Sud sont longées par deux ruisseaux assez importants pour constituer des obstacles sérieux.

La lisière orientale est dominée par le plateau de G...

## 6. Reconnaissance d'une habitation isolée, ferme, château, usine.

Indiquer :

La position, le nombre, l'usage des divers bâtiments ; mode de construction ; indiquer s'ils sont en pierres, en planches, en briques. — Renseignements sur l'épaisseur des murs, les portes, les fenêtres, jardins-vergers, étendue approximative, clôtures, issues, puits, abreuvoirs, facilités qu'offrent la disposition des bâtiments et la nature des enclos pour une organisation défensive.

Importance de la ferme en raison de sa position ; ses vues ; nature du terrain environnant. — Ressources, au point de vue du cantonnement, contenance des pièces ; combien d'hommes pourraient y loger ? Contenance des écuries, des étables, hangars ; Comment ils pourraient être utilisés ?

Ressources en bétail, en fourrages, en céréales de toute espèce ;

Exemple :

*Reconnaissance de la ferme de la G...*

La ferme de la G... est située sur le chemin vicinal qui relie les villages de T... et des M..., à environ 2 kil. de ce dernier, elle se compose d'un corps de bâtiment principal et de deux annexes.

Le bâtiment principal, parallèle à la direction du chemin et lui faisant face, peut avoir 20$^m$ de long sur 7$^m$ de large, il comprend 4 pièces, pouvant loger 30 hommes ; un couloir traverse l'habitation dans toute sa largeur et débouche d'autre part sur la façade opposée au chemin.

Les deux annexes comprennent une remise, une écurie, et une bergerie pouvant contenir 15 chevaux.

Entre ces bâtiments et le chemin, est une vaste cour où se trouvent des auges en pierre, alimentées par un puits ; ces auges permettraient de faire boire une dizaine d'animaux à la fois.

La cour est entourée de haies vives épaisses ; derrière le bâtiment principal, est un verger de 50$^m$ de profondeur sur 25$^m$ de largeur, également enclos de haies. Au delà, est le bois de la N..., dont la lisière touche la ferme.

Il y a dans la ferme 5 chevaux de trait, 18 têtes de bétail et des moutons.

Les ressources en céréales et fourrages sont :

> 8 quintaux d'avoine.
> 2 quintaux de froment.
> 16 quintaux de foin.
> et 22 quintaux de paille.

### 7° Reconnaissance d'un défilé.

Renseignements sur les abords, longueur, largeur, viabilité. Nature du terrain avoisinant. Accessible ou non ; pentes, hauteurs dominant le défilé, nécessités de les occuper.

Sortie du défilé, permet-elle de se déployer, offre-t-elle des facilités pour couvrir le débouché ? — Positions qu'il pourrait être utile de faire occuper par les premières troupes.

Combien d'hommes, de cavaliers, de voitures peuvent s'engager de front dans le défilé ?

Comment pourrait être intercepté le défilé ?

Comment il pourrait être rétabli ?

Exemple :

Le chemin de grande communication qui relie D... à P... s'engage à environ 3 kil. du village de M..., dans une gorge formée par les pentes du plateau de C... à l'Est et les hauteurs boisées de F... à l'Ouest.

Ce défilé a 2 kil. 300 environ de long et 18<sup>m</sup> de largeur au maximum. Le sol est favorable, solide ; le chemin très bien entretenu et partout praticable aux différentes armes ; sa largeur est de 6<sup>m</sup>.

Les pentes à l'Est sont raides et difficilement accessibles ; il faudrait faire un grand détour pour trouver un chemin qui les tourne ; celles qui s'étendent à l'Ouest sont assez douces, mais couvertes de bois taillis qui ne permettent guère de les parcourir en troupe. — Quelques tirailleurs à pied pourraient tout au plus atteindre les crêtes, et s'y poster pour couvrir le passage d'une colonne et observer le pays environnant.

Au milieu du défilé environ, est un étranglement rendant le passage impossible ailleurs que sur le chemin tracé ; la voie serait facilement interceptée en ce point.

L'entrée du défilé est difficile à cause de la nature pierreuse du sol à droite et à gauche de la route.

A la sortie, au contraire, est une belle plaine légèrement ondulée, dominant le village de M....

Trois escadrons s'y déploieraient facilement en ligne soit à droite, soit à gauche du chemin.

## 8ᵉ Reconnaissance d'un pont.

Mêmes renseignements que ci-dessus, en plus indiquer : la nature du pont, en pierres, métallique, à piles en maçonnerie et à tablier en bois, pont suspendu, etc...

Nombre des arches, leur hauteur, leur ouverture, piles, dimensions, solidité, tablier, longueur, largeur, trottoirs, parapets.

Voies de communication qui aboutissent au pont et l'utilisent.

Nature des rives auxquelles il s'appuie, hauteurs dominant le passage.

Comment le pont pourrait il être coupé et la communication interceptée ?

Comment pourrait-il être réparé, et le passage rétabli ?

Exemple :

*Reconnaissance du pont d'A... sur la S....*

Ce pont donne passage à la route nationale de D..., qui sort de la petite ville d'A... par la porte de C....

Sa longueur est de 70ᵐ, sa largeur entre les parapets de 8ᵐ ; les parapets ont 0ᵐ50 de haut et 0ᵐ20 d'épaisseur, un trottoir de 1ᵐ borde le tablier de chaque côté. Le pont est entièrement en maçonnerie.

Les arches sont au nombre de 5 et ont une ouverture de 8ᵐ, les piles mesurent 3ᵐ d'épaisseur La hauteur entre le sommet de la voûte et la partie supérieure du tablier est de 2ᵐ50.

Construit depuis peu, ce pont paraît présenter les plus grandes garanties de solidité : ses culées sont bien assises, et les rives auxquelles elles s'appuient très consistantes.

A son extrémité, se détachent outre la route nationale, un chemin qui conduit à la gare d'A..., un chemin desservant le village de T..., et un autre au Nord se rendant au village d'A....

Pour interrompre la communication, il faudrait faire sauter à la dynamite une arche; la réparation demanderait du temps.

# TABLE DES MATIÈRES

Paris. — Imprimerie L., Barbou et Cⁱᵉ, rue Christine, 2.